博士林业文库



# 东北内蒙古国有林区林业产业演进与发展研究

李微 著

中国林业出版社

**图书在版编目（CIP）数据**

东北内蒙古国有林区林业产业演进与发展研究／李微著．—北京：中国林业出版社，2012.8

（博士林业文库）

ISBN 978-7-5038-6711-8

Ⅰ．①东… Ⅱ．①李… Ⅲ．①国有林－林区－产业发展－东北地区－文集②国有林－林区－产业发展－内蒙古－文集 Ⅳ．①F326.2－53

中国版本图书馆 CIP 数据核字（2012）第 190261 号

**出版** 中国林业出版社（100009 北京西城区刘海胡同 7 号）

**网址** lycb. forestry. gov. cn

**E-mail** forestbook@163. com **电话** 010-83222880

**发行** 中国林业出版社

**印刷** 北京北林印刷厂

**版次** 2012 年 8 月第 1 版

**印次** 2012 年 8 月第 1 次

**开本** 880mm×1230mm 1/32

**印张** 6

**字数** 200 千字

**印数** 1～1000 册

**定价** 40.00 元

# 序

李微同志所著的《东北内蒙古国有林区林业产业演进与发展研究》一书，以产业结构理论、产业组织理论、产业集群理论为基础，运用归纳、综合分析法、规范分析与实证分析结合法、定量分析与定性分析结合法，选择东北内蒙古国有林区林业产业演进与发展问题作为研究对象，从产业生命周期的视角结合东北内蒙古国有林区的实际，对林区林业产业结构、产业组织、产业集群的演进历程、林业产业演进的阶段、林业演进的动因及影响因素、产业发展水平分别加以研究，并提出了林区林业发展目标、思路，并构建和完善了保障产业发展的支撑体系，是对产业演进理论、林业经济理论、可持续发展理论的丰富与发展，本研究对国有林区林业产业结构的优化和林业产业组织及产业布局的合理化、林业产业发展战略及政策的制定、林区林产加工业、森林旅游业、多资源利用业的发展有着重要的现实意义。该书是在其博士论文的基础上，经过进一步深入研究形成的具有一定学术价值和实践价值的专著。希望这部专著的出版能引起诸多学者的关注，并对东北内蒙古国有林区乃至全国国有林区林业产业发展规律的把握、发展思路的形成、支撑体系的构建与完善发挥一定的促进作用。

我国林业经历了三次定位调整，第一次是在20世纪50年代，林业定位为国民经济的基础产业，确立了以木材生产为中心的林业建设指导思想，并形成了围绕木材生产完整的森林工业体系。第二次定位是在20世纪70年代末以后，林业被重新定义为既是重要的基础产业，又是重要的公益事业，这一时期由于我国生态环境日趋恶化，生态建设日益受到重视，我国开展了大规模的生态工程建设，但由于林业体制的惯性和林业经济结构的路径依赖特征和木材需求居高不下等原因，林业仍然没有摆脱以木材生产为主的轨道。进入21世纪，在人们对生态环境强烈需求下，林业进行了第三次重新定位，林业新的定位是：林业是一项重要的公益事业和基础产业，承担着生态建设和林产品供给的重要任务。新的林业定位的实质就是实行生态优先的林业发展战略，把生态产出作为其经营的首要目标，而林业产业随着林业定位的变化也发生了重大调整，林业产业的发展要以生态效益的发挥作为前提，不能一味地追求经济效益。但这种转变并不意味着林业只承担发挥生态效益的任务，相反，生态效益的发挥更离不开林业产业的支撑。林业产业在国民经济建设中和人民群众的生活中发挥着不可替代的作用，林业产业的演化与发展问题成为国内外许多学者研究的热点问题。而东北内蒙古国有林区作为我国重要的森林分布地带和最大的林区，累计为国家提供木材 20 多亿立方米，在发挥经济效益的同时也发挥着巨大的生态效益和社会效益，其影响着中国林业和区域经济的发展。随着国家林业定位的变化，国有林区林业定位也发生了变化，国有林区林业在整个林业体系中的地位和作用也日益明确，由以提供木材和林产品为主转向以提供生态效益为主，东北内蒙古国有林区林业产业的发展面临着新机遇与挑战，挑战在于创造巨大经济效益的木材生产规模逐步缩小，机遇在于木材产量的减少将引致木材精深加工业、林化产品加工业等多资源利用业的壮大和发展，为此，需要把握东北内蒙古国有林区木材采运业、木材加工业、森林旅游与休闲服务业诸多林业产业在新的形势下演进与发展的规律。而国内外对林业产业发展的研究大都是从某个时间点上静态分析林业产业的结构和组织状况，而从林业产业整个发展历程上来动态研究林业产业发展的却很少，林业产业的演进阶段的测度及林业产业演进机理的研究几乎没有；另外，大多文献对林业产业发展的研究是以产业经济理论中的产业结构理论和产业组织理论为主线，而以国有林区产业演进的路径为主线来研究产业发展问题的文献却极少见；本书突破了以往的研究视角，从产业生命周期这一全新的视角来研究国有林区林业产业的演进及发展问题，是一个较大的突破。

该专著的研究重点及创新之处主要表现在以下几个方面：一是从内在动力及外在动力两方面分析了林业产业演进的动因，内在动力为技术创新因素，外在动力为供给因素、需求因素、政策及制度、国际因素，林业产业在五个驱动力的作用下由低级向高级逐渐演进；二是运用定性和定量相结合的方法分析了东北内蒙古国有林区林业产业结构、组织、布局的演进历程，认为林业产业三次产业间及三次产业内部林业产业结构逐渐向合理化和高级化方向发展，林业产业集中度较低、进入壁垒较低、退出壁垒较高、林业企业的市场绩效有所提高，但与其他行业相比仍然较低，除家具制造业、人造板制造业、林业旅游与休闲服务业产业集群较明显外，其余亚产业集群现象不明显，产业分布较为分散；三是运用 Logistic 生长曲线法和 Compertz 生长曲线法，对林业产业及诸多亚产业所处生命周期阶段进行测度，识别出林业产业及其亚产业的演进遵循产业演进的规律，认为林业产业经历了成熟期后进入到下一周期的成长期，发展速度较快；木材采运业、锯材木片加工业处于衰退期，林木培育与种植业、经济林产品种植与采集业、人造板加工业、木制品制造业、木制家具制造业、林业旅游与休闲服务业正处于的成长期，可将其作为主导产业培育，林业产业演进特征是各亚产业演进特征的综合体现，林业产业及其亚产业的演进遵循产业演进的规律；四是运用多元线性回归分析法构建了林业产业演进影响因素的多元线性回归方程，并根据弹性系数识别出影响林业产业演进的显著性因素，认为国有经济所占比重、人均收入、从业人员在岗人数三个变量对处于不同阶段的东北内蒙古国有林区林业产业演进起显著作用，且国有经济所占比重的显著作用逐渐增强，而变量林地面积、固定资产投资完成额、专业技术人员数、全员劳动生产率四个变量对林业产业演进推动作用不显著，天保工程通过对人均收入、国有经济所占比重、劳动力等显著因素的直接影响下间接影响林区林业产业演进与发展；五是从林业投入产出效率及产出规模两方面同全国其他省份相比较，识别出东北内蒙古国有林业产业的发展水平，认为黑龙江、吉林、内蒙古国有林区林业产值在全国排名落后于有林地面积在全国排名，林业投入产出效率位于全国后几位，林区林业发展水平较为落后，主要是由于资源、劳动力、资本投入过剩、科技贡献低；六是运用产业生命周期理论和区位商主导产业选择方法对林区林业主导产业识别，认为木制品制造业、林业休闲旅游与服务业为东北内蒙古国有林区相当长一段时间内的林业主导产业；七是针对林业产业存在着资源消耗大、竞争无序、技术创新能力弱、布局分散等不合理状况，提出了林区林业产业发展的总体思路，从要素、技术、需求、外部环境、制度及政策方面构建了保障林业产业发展目标得以实现的支撑体系，并提出具体对策及措施。从上述研究重点和创新之处可以反映出该作者具有较强的理论功底、活跃的研究思维和独立分析问题解决问题的能力。

林业产业是一个较为特殊的产业部门，其演进与发展规律很难把握，但作者却抓住了要义、突出重点、观点鲜明、所得结论客观恰当，能够反映东北内蒙古国有林区林业产业演进的特征，且全文体系完整、结构合理、语言表述准确、层次分明，难能可贵。尽管如此，仍希望作者能够以此成果作为一个“新起点”，将其进一步深化和拓展，争取在今后的研究中取得更大的成果，相信作者能够以此文起点，会对林业产业演进问题进一步深入研究。

万志芳

教授　博士生导师

2012 年 6 月于哈尔滨

# 目　录

# 1

# 绪　论

## 1.1　选题背景

新中国成立至今，我国林业经历了三次定位调整，第一次是在20世纪50年代，当时生产木材是国家建设对林业的主导需求，林业定位为国民经济的基础产业，确立了以木材生产为中心的林业建设指导思想，并形成了围绕木材生产完整的森林工业体系。第二次定位是在20世纪70年代末以后，由于我国生态环境日趋恶化，生态建设日益受到重视，林业被重新定义为既是重要的基础产业，又是重要的公益事业。这一时期我国开展了大规模的生态工程建设，但由于林业体制的惯性和林业经济结构的路径依赖特征和木材需求居高不下等原因，林业仍然没有摆脱以木材生产为主的轨道，进入21世纪，在可持续思想的指导下，在人们对生态环境强烈需求的带动下，林业进行了第三次重新定位。林业新的定位是：林业是一项重要的公益事业和基础产业，承担着生态建设和林产品供给的重要任务。新的林业定位的实质就是实行生态优先的林业发展战略，把生态产出作为其经营的首要目标，而林业产业随着林业定位的变化也发生了重大的调整，林业产业的发展要以生态效益的发挥作为前提，不能一味地追求经济效益而忽视生态效益的发挥。但是，这种转变并不意味着林业只承担发挥生态效益的任务，相反，生态效益的发挥更离不开林业产业的支撑。林业产业在国民经济建设中和人民群众的生活中发挥着不可替代的作用，林业产业的演化与发展问题成为国内外许多学者研究的热点问题。

东北内蒙古国有林区作为我国重要的森林分布地带和最大的林区，自新中国成立以来，累计为国家提供木材 20 多亿 $m^3$，在发挥经济效益的同时也发挥着巨大的生态效益和社会效益，其影响着中国林业和区域经济的发展。新中国成立以来东北内蒙古国有林区始终是国家制定和实施林业政策的重点地区，是我国林业建设的重要部分，代表着国有林业的发展方向。随着国家林业定位的变化，国有林区林业定位也发生了变化，国有林区林业在整个林业体系中的地位和作用也日益明确，由以提供木材和林产品为主转向以提供生态效益为主。国有林区林业的重新定位，为东北内蒙古国有林区林业产业的发展带来了新机遇与挑战，挑战在于创造巨大经济效益的木材生产规模逐步缩小，机遇在于木材产量的减少将引致木材精深加工业、林化产品加工业等多资源利用业的壮大和发展，为此，需要把握东北内蒙古国有林区木材采运业、木材加工业、森林旅游与休闲服务业诸多林业产业在新的形势下演进与发展的规律，因此，本研究对于准确把握林业产业发展规律，制定林业产业发展目标及政策具有较强的现实意义。

## 1.2 研究目的及意义

### 1.2.1 研究目的

本书将尝试从产业生命周期的视角对东北内蒙古国有林区林业产业演进历程、演进动因、演进阶段、演进影响因素等方面进行理论和实践上的探讨，旨从以下几方面获得一定的进展。

(1)科学界定林业产业内涵及外延。《中共中央国务院关于加快林业发展的决定》中对林业作出了科学的定位，再次肯定了林业是兼有从事生态建设的公益事业和从事林产品生产的基础产业的双重属性，为发展林业产业指明了方向道路。同时，林业产业的内涵及外延也在发生着变化，因而，在新时期有必要对它们进行科学的论述，也是撰写本书的前提。

(2)明确林业产业演进的动因。对林业产业演进及发展问题进行研究，应首先对产业演进的动因进行分析，明确推动林业产业演进的真正驱动力是什么，是研究林业产业演进机理及发展战略制定的前提和基础。

(3)依据林业产业演进历程测度出国有林区林业产业演进所处阶段。运用 Logistic、Compertz 生长曲线对林业产业及诸多亚产业的演进阶段进行测度，识别出林业产业及诸多亚产业经过几十年的演进和发展都经历了哪些阶段，每一阶段都具有哪些特征。

(4)寻找并分析林业产业演进的影响因素。在林业产业演进动因理论的指导下，根据林业产业所处生命周期阶段的不同运用多元线性回归方程对所处不同发展阶段的东北内蒙古国有林区林业产业演进影响因素及作用机理进行分析，找到影响其演进和发展的显著性因素，并识别在林业产业不同的发展阶段影响因素的作用机理有何不同。

(5)对东北内蒙古国有林区林业产业的发展水平进行评价。运用 DEA 模型从林区林业投入产出效率及产出规模两方面评价林业产业的发展水平，明确其在显著性影响因素的作用下林业产业发展水平与全国其他省份相比处于一个什么样的位置。

(6)探讨林业产业发展的思路和政策。通过对林业产业演进历程、演进阶段、演进机理的研究提出东北内蒙古国有林区林业产业发展总体思路，并从要素、技术、需求、制度及政策等方面构建了保障林业产业发展目标得以实现的支撑体系，并提出具体对策及措施。

### 1.2.2 研究意义

#### 1.2.2.1 理论意义

1. 丰富和发展了产业演进理论

产业演进理论大都是从产业结构的角度来阐述产业的发展过程，而且对林业产业结构演进的研究还不是很多，从产业生命周期的视角对国有林区林业产业演进的历程、演进阶段、演进的机理进行研究可以说是一个全新的课题，对此进行研究实际是对中国林业产业发展问题研究的延伸和细化，也是对产业演进理论的丰富和发展。

2. 促进林业可持续发展理论的发展

国有林区林业产业演进的历程恰恰体现了我国林业经营思想转变的历程，20 世纪 80 年代后，全球生态环境恶化，引起各国的关注，国有林经营与生态环境保护越来越紧密的联系起来。1992 年世界环发大会指出森林可持续发展是经济可持续发展的重要组成部分，可持续的经营思想成为国有林经营的指导思想，国有林区林业产业的发展也是在此思想的指导下进行的，因此，对国有林区林业产业演进与发展的研究是对可持续发展理论的传承和发展，进一步丰富林业可持续发展研究思路和范畴。

3. 丰富了林业经济理论

本书把国有林区林业产业演进的历程作为切入点，有效地运用现代经济理论和先进的数学分析工具来研究国有林区林业产业的发展问题可以说是一个全新的视角，是对林业经济理论的丰富。

#### 1.2.2.2 实践意义

（1）有利于促进国有林区林业产业结构的优化和林业产业组织及产业布局的合理化。从国有林区林业产业演进的历程入手，分析国有林区林业产业结构和林业产业组织的演化，总结制约其发展的因素，对构建国有林区新的产业结构和产业组织具有非常重要的价值。

（2）有利于从宏观和微观两方面制定林业产业发展战略及政策。对国有林区林业产业的演进及现实状况的分析后，本书注重宏观分析和微观分析的结合，对策的提出能够把握宏观经济规律，解决途径的选择能够结合微观经济现状，从而使对策的提出更具可行性。

（3）有利于森林资源的可持续经营及林产加工业、森林旅游业、多资源利用业的发展。通过对国有林区林业产业发展历程的分析及林业产业演变规律的把握，能够促使森林资源的可持续经营，改变长期以来形成的以木材生产为中心的经营思想与制度，加快发展林产品加工业、森林旅游业、多资源利用业的发展。

## 1.3 国内外相关研究与实践

### 1.3.1 国外相关研究与实践

#### 1.3.1.1 西方产业演进理论

1. 产业结构视角

产业演进主要表现为产业结构合理化和高级化，西方的产业演进理论主要针对产业结构的变化和调整及演进模式进行了深入细致地研究。较为经典的产业研究理论有如下观点。

配第－克拉克定理。配第－克拉克根据其对英国经济的研究提出：在经济发展的过程中，随着人均国民收入水平的提高，劳动力首先由第一产业向第二产业转移；当人均国民收入水平进一步提高时，劳动力便向第三产业转移；揭示了劳动力在不同产业之间转移是由于不同产业之间存在着收入相对差异[1]。

库兹涅茨人均收入影响论。库兹涅茨在配第－克拉克研究的基础上，依据对众多国家的数据，对国民收入和劳动力在产业间的分布结构进行了研究，侧重于从三次产业占国民收入比重的角度论证了产业结构演变规律，提出产业结构的发展顺着第一、第二、第三产业占优势地位顺向递进的方向演进，库兹涅茨的研究在广度上和深度上超越了配第－克拉克[2]。

霍夫曼的工业阶段化经验法则。霍夫曼把工业分为资本资料工业和消费资料工业，用两者比值的大小即霍夫曼系数衡量工业演进的规律。霍夫曼系数在工业演进过程中经历了由大到小的过程[3]。

赤松要雁行形态发展理论。用来说明一国产业结构的内在变化与国际分工是分不开的，提示了后进国家可通过参与国际分工来实现本国产业结构高度化。将一国进口—国内生产—出口的发展过程，分别用三只高低不等的大雁来形容，揭示了产业结构演进呈现为由低到高梯度发展，由高到低梯次推进的规律。

钱纳里“增长的当代形式”模型。钱纳里对产业结构的演变做了定量实证性研究，他根据人均国内生产总值水平，将一国整个经济发展变化过程分为三个阶段六个时期，在每一阶段每一时期三次产业的比重是不同的，总体上随着经济的发展，三次产业遵循一产、二产、三产依次占优势方向演进。

*2. 产业生命周期视角*

施蒂格勒的产业演进理论从产业生命周期入手对产业的动态变化进行分析和描述，认为产业演进理论是整个产业从出生到成熟过程中，产业内厂商数目、市场结构、产品创新动态变化的理论，认为产业生命周期一般包括孕育期、成长期、成熟期和衰退期等四个阶段。产业生命周期对企业竞争力具有很大影响，在企业制定和实施竞争战略中必须考虑所处的产业生命周期阶段因素有可能产生的重要影响，必须根据产业生命周期变动因素适时调整产业发展目标及战略。

3. 产业组织视角

产业演进也表现为产业组织的逐渐合理化，有些学者从产业组织的视角对产业演进理论进行研究，主要有 Gort，Klepper 首次采用产业内厂商数目的变化对产业演进进行了阶段定位，考察了 46 个产业每年的厂商“净进入率”，将产业生命周期分为引入、大量进入、稳定、淘汰和成熟等五个阶段[4]；Klepper 用创新活动程度结合创新主体进行产业演进阶段划分和判定，认为企业规模以 500 员工数为界划分为大企业和小企业，创新程度以创新率平均水平为界进行划分[5]；Tether，Storey 提出二维识别法结合了产业内厂商数目变化和产业就业人数变化，研究产业演进的本质和过程[6]；Deans 等人首次采用了衡量产业集中度的 $CR_3$ 和 HHI 指标进行产业演进阶段定位，并提出用产业集中度来识别产业演进阶段，将产业演进曲线划分为初创、规模化、集聚以及平衡和联盟四个阶段[7]。

### 1.3.1.2　国外林业产业相关研究

1. 国外林业产业经营理论的研究

国外的主要林业经营理论有森林多功能理论、林业分工理论和新林业理论。森林多功能理论，该理论强调森林多种效益的一体化经营，强调林业经营的多样性，包括林业生产、景观、生物、人文多样性等[8]；林业分工理论，该理论主张森林多效益主导利用的林业经营思想，即一方面主要通过集约经营、建立人工用材林基地，满足社会对木材及各种林产品的需要，另一方面划定一定区域的公益林，在公益林区域内禁伐或限伐，以发挥生态功能为主，用以满足社会的生态需求。我国林业经济研究人员雍文涛在该理论基础上提出了“林业分工论”，认为我国应将森林进行分类经营[9]；新林业理论，不同意将森林资源分而治之，即分类经营，强调将森林资源作为一个大系统，将生产和保护融为一体，在保护中利用，在利用中保护，才能达到资源的永续利用，使生态效益和经济效益能够很好地协同。

2. 国外国有林发展历程

美国林业在近 100 年来，经历了毁林造田、过度采伐、休养生息、恢复发展和建立稳定的森林生态系统这样一个过程，林业经营思想的转变主要是通过一系列法律条例的颁布得以体现的，其中，20 世纪 60 年代颁布的《森林多种利用及永续生产条例》是美国林业经营史上最重要的里程碑，强调森林资源在更大范围内可持续利用，对林业可持续发展提出了更加具体的要求[10]。70 年代之后，由对国有林规划立法进行了多次修订，目的是实现森林的可持续经营。

日本的森林面积为 2510 万 $hm^2$，其中国有林、公有林和私有林所占比重分别为 31%、11% 和 58%，国有林主要由林野厅管辖。20 世纪 50 至 60 年代中期，战后恢复期对国内木材需求量大，采伐量远远大于生长量；20 世纪 70 年代后，进口木材猛增，致使国内木材价格持续低迷，国有林经营陷入困境，相继进行了 4 次改革但并不成功，而于 1996 年进行了彻底改革，国有林经营方向转向以发挥生态效益为主，国有天然林全部纳入公益林，公益林比由 46% 增加到 96%，国有林中木材生产林的比重 54% 调减到 4%[11]。

德国在森林永续利用、持续经营理论和实践方面取得了辉煌的业绩，一直被誉为世界林业发展的典范，然而，多年来德国国有林的经营状况一直不及私有林和公有林而处于亏损状态[12]，若产期的亏损势必影响到森林的可持续经营，因此，2003 进行了林业经营管理体制改革，改革后取得了一定得成效，实现了政企分开、健全了财务核算和审计制度，国有林经营更加科学。

法国国有林 141.5 万 $hm^2$，所占比重为 10.2%；公有林 225.1 万 $hm^2$，所占比重为 16.2%；私有林 1020.6 万 $hm^2$，所占比重为 73.6%，国有林由国家森林局负责经营，主要经营活动紧紧围绕扩大森林资源，满足经济及社会对环境保护、木材及游憩等方面的需要展开。《森林法》的规定了国有林和公有林的经营管理的职责，要求每片林子必须按国家规定进行造林、抚育、采伐及林道修建等经营活动。

从上述几个国家林业经营思想的变化可以看出，国有林经历了以提供木材为主演变为发挥生态效益、提供生态产品为主的过程。我国学者也进行了相关研究，如李元元阐述了世界林业演进的历程，对国外林业产业发展阶段进行划分，并提出在每一阶段林业产业的发展呈现不同的特征[13]。

## 1.3.2　国内相关研究与实践

### 1.3.2.1　产业演进问题研究

与国外学者不同的是，国内学者主要是根据国外已形成的经典产业演进理论研究中国的具体的产业演进问题，寻找我国不同的产业部门演进与发展的规律，相关研究主要集中在产业演进的动力因素、产业演进机制、产业演进及发展趋势等方面的。

1. 产业演进影响因素、作用机理的研究

李国政通过对西藏产业演进路径的研究，发现中央财政补贴对西藏产业的发展起到了不可替代的作用，说明一国政策是推动区域产业发展的重要因素[14]；李荣富，曹雪峰，王丽娟认为安徽省产业结构正趋于合理，但是产业的国际竞争能力不强，国际贸易是安徽省产业结构高级化的重要动力[15]；杨丽认为技术创新带来与众不同的产业演变路径，表现为市场结构趋于竞争性垄断、企业垂直分离化与网络特征明显[16]；宋红坤认为信息技术是推动新兴产业发展的重要因素，并深入分析了信息技术驱动下的新兴产业的形成机理与发展规律[17]；焦方平对电信产业的演化机理进行深入研究，认为技术变革、制度创新、管理创新是电信产业演进的重要因素[18]；李荣富运用里昂惕夫的投入产出模型分析最终需求对安徽省第一、二、三产业发展的影响程度，影响最大的是第二产业中的制造业，其次是第三产业[19]；黄宇，杜贻帅，尹卫和研究了消费升级和产业演进的关系，认为消费是产业演进的主导力量，消费层级的不同使产业处于不同的演进阶段[20]；韩杨运用产业生命周期理论，对中国绿色食品产业演进阶段进行了识别，认为2003年中国绿色食品产业已进入产业形成期，并分析了产业规模、认证制度、政府行为、绿色食品市场与消费需求等因素是其演进和发展的关键因素[21]。

2. 产业演进机制的研究

孙晓华，秦川运用协同演化论以中国水电行业的发展历程为例分析了技术创新与制度创新的互动关系及其在产业发展中的协同作用，认为技术创新是产业的形成、成长和成熟的根本动力，而制度在产业演进的每一阶段对技术创新起着保障作用，技术与制度创新二者互相促进、互为选择共同推动产业向高级化方向演进[22]；李俊莉运用自组织理论研究了我国资源产业的演进，认为资源产业的演进过程是一个复杂系统的自组织过程，提出资源产业系统自组织演进的内部条件、外部环境及动力机制[23]；张守忠，齐艳红，李玉英采用灰色关联方法分析了我国第三产业变动的动力机制，认为对外贸易推动作用显著、固定资产投资、消费需求推动作用不容忽视[24]；王延青，李一军，梁雪峰从产业分工扩展和深化动因、产业创新和企业创新动因、需求结构和需求水平变动动因、产业内部专业化分工经济性动因四方面分析了 VoIP 产业演进的动力机制[25]。

3. 产业演进及发展趋势研究

夏丽丽、阎小培研究了珠江三角洲产业演进基本路径及内在机制的系统分析，探寻产业发展的合理方向，并分析了与西方工业化道路的不同，并在借鉴其经验的基础上以经济全球化为契机，加快珠江三角洲工业现代化进程[26]；曾世宏运用产业演进相关理论研究了中国制造产业的演化和产业规制问题，并从政府角度出发提出了相关对策[27]；周丽红，王雪霁对我国软件产业结构的演进规律及其优化模式进行了研究，认为我国软件产业结构正处在从不合理向合理、从低级向高级演进方向演进，但仍然存在差距，应选择“内需和出口双向型”的发展模式[28]；楚岩枫对从微观、中观和宏观三方面研究了我国物流产业演进的规律，具体研究了物流产业系统微观主体的演进、中观系统的产业关联，并分析了宏观主体对物流产业系统演进产生的影响，并提出了促进物流产业发展的对策[29]；刘耀彬，张安军对江苏省 LED 产业的发展阶段进行了定位和总结，认为江西省 LED 产业正处于快速成长阶段，产业内垄断多于竞争，并对 LED 产业未来发展趋势进行了预测[30]；封思贤分析了江苏制造业的发展规律、演进趋势，并提出了促进江苏省产业发展的建议[31]；张延平，李明生研究了广东省产业结构演进规律，认为广东省产业发展正处于“二、三、一”向“三、二、一”过渡，并预测了产业结构的发展方向提出了产业发展战略[32]。

#### 1.3.2.2 国内林业产业演进及发展的相关研究

1. 国内林业产业经营理论

我国林业经济研究人员雍文涛等人在林业经济理论的基础上，于1992 年提出了我国的林业分类经营—“林业分工论”，该理论强调将森林资源分为商品林和公益林，商品林采用市场化运作模式，以提供林产品为主，满足社会对有形林产品的需求；公益林采用政府主导的经营模式，以发挥生态效益为主，满足人们对生态产品的需求。该理论的提出促进了我国林业产业结构和林业产业组织的调整，东北内蒙古国有林区林业产业结构、组织结构等发生了巨大的变化。

张建国提出了生态林业论，认为森林经营要以以生态学原理为指导，因为森林经营是一项重大的生态建设工程，要符合生态学的原理和要求。

林杰、张建国等学者提出了现代林业论，强调林业的发展要不断地适应社会需求的变化，林业生产的内容要符合社会对其的需求，强调生产结构的合理，多种功能间的协调，资源利用的持续和高效。

孔繁文提出了环境林业论，认为森林资源生产可分为两类：一是以提供活立木为主的林木资源生产，二是以提供森林环境产品或服务为主的环境资源生产，将提供环境产品或服务的森林资源视为环境资源，强调再利用林木资源的同时，保护好森林的环境资源。

这些理论是在我国国情、林情的基础上提出来的，为我国林业产业的发展提供了强有力的理论依据。

2. 国内相关研究与实践

(1)林业产业演进历程的研究：

杨云认为我国林业产业经历了初级经营、平面转换、立体开发三个阶段。我国林业产业结构现状相当于发达国家19世纪末20世纪初的水平，产业结构不合理表现在投资、职工人数配置与产值比例失去平衡，产业结构严重前倾，产业发展取决于森林资源状况[33]；廖葱葱、周景喜指出我国林业产业发展经历了以木材利用为主、培育和利用并重、建设与保护并重三个阶段；刘振清指出中国林业发展道路先后经历了传统林业发展道路、现代林业发展道路和林业可持续发展道路三个发展阶段，同时也体现了林业产业由以木材生产为主向以提供生态产品为主转变的观点[34]；李元元认为我国林业产业也从以森林采运业为主导，原木、锯材为主要产品的时期，发展到以木材加工、林产化工、林业机械制造为主的时期，发展到大力发展经济林、花卉、药材、森林食品和森林旅游与休闲服务等新兴产业的时期。

(2)林业产业演进影响因素、演进机制研究：

侯方淼，宋维明以江苏省为例研究了林产品对外贸易与林业产业发展的影响，认为江苏省林产品对外贸易对林业产业发展的影响不显著，应提高林业产业素质、优化林业产业结构，从而促进林产品贸易的发展，通过林产品贸易量的提升，拉动江苏省林业产业的发展[35]；张瑜研究了资本市场与林业产业发展关系，认为资本市场的发达能够为林业产业的发展提供资金的保障，资本市场的多元化能够为林业产业的发展带来机遇，并提出了林业产业发展的投融资对策[36]；吕杰，黄利研究了辽宁省集体林权制度改革后对林业产业发展的影响，认为林权改革促进了林业产业的发展，但仍然存在着资金不足等问题，提出了完善林权改革促进产业发展的具体对策[37]；宋维明研究了中国林业产业应对金融危机发展策略，认为国际环境特别是出口是影响一国及区域林业产业发展的重要因素[38]；贾雷阐述了林业产业链的形成机制归结为两种基本形式，即政府导向型和市场导向型，政府导向型是一种“自上而下”发展模式，主要依靠政府的规划或政策引导以促进产业链的形成，市场导向型则是主要依靠市场力量，由企业根据发展需要自发聚集形成的“自下而上”的模式等等[39]；徐怡红研究了财政政策与林业产业发展关系，分析了财政政策对林业资本投入、产业结构、技术进步的影响，阐明了运用财政手段调控林业产业发展的机理[40]；梅秀英认为通过林业科技管理机制的创新可调动大专院校、科研机构、林业企业的积极性，促进林业产业的发展[41]。

(3)国内林业产业发展问题的研究：

孙建分析了林业产业的发展趋势，从林区的产业结构、资源配置方式、经济增长方式、发展模式等方面判断出我国林业产业逐渐的由大变强，在林业新的发展时期，应继续完善速生丰产林建设等工程、提高木材综合利用率、推进林业市场建设，并在林业政策上给予倾斜[42]；冉陆荣，吕杰结合现代林业实际，按照自然与技术潜能、主导利用方向的不同，将林业产业发展模式的类型分为生态发展模式、林下经济发展模式和混合发展模式 3 种类型[43]，二人还运用偏离 - 份额法分析了集体林权改革前后辽宁林业产业发展状况，认为辽宁林业产业在改革前落后于全国林业产业发展水平，改革后则快于全国林业产业发展水平[44]；杨红强，聂影以中国木材加工业形成的加工贸易模式为背景，分析了中国木材加工业转型升级的内在要求及条件、并提出了以转型升级带动区域经济发展的政策及建议[45]；奉钦亮从资源及产业体系两方面分析了广西林业产业的现状，并对广西林业产业集聚水平进行了实证分析，分析了影响林业产业竞争力的因素，并对其进行了评价，最后提出了提升林业产业区域竞争力的政策及建议[46]；宋超智对浙江省林业产业发展战略进行了研究，先后分析了浙江林业产业发展概况及特征、林业产业发展战略影响因素、提出了林业产业发展的SO、ST、WO、WT战略，并设计林业产业发展战略的政策保障体系[47]。

#### 1.3.2.3 国有林区林业产业演进及发展相关研究

耿玉德、万志芳对黑龙江省国有林区林业产业结构进行了实证分析；阐述了黑龙江省国有林区林业产业发展的规律、并对林业产业定位，构建了林业产业结构调整与优化的模式，提出了林业产业结构调整与优化的对策[48]；梁大战分析了黑龙江省国有林区人力资源数量、质量、结构现状、采用定量化方法分析出黑龙江省人力资源利用效益水平低、人才开发效率低等结论、运用Logistic模型分析了影响国有林区人才流动意愿因素、针对存在问题提出具体对策[49]；杨长峰指出东北国有林区林产工业产业结构的演变大致可分为林产工业产业体系的形成、林产工业产业粗放式快速发展、林产工业产业结构调整和优化三个阶段[50]；张爱美将吉林林业产业发展划分为三阶段，即以木材利用为主阶段、培育和利用并重阶段、建设与保护并重阶段，并在此基础上分析了木材采运业、木材加工业、林化产品加工业及经济林产品和野生动植物繁育等多资源利用业的发展历程[51]；李旭东分析了内蒙古大兴安岭林区林业产业发展现状、影响林区林业产业发展的因素，提出了加快林区林业产业发展具体措施[52]；俞惠倩，张莉莉运用灰色关联度模型分析了大兴安岭林区林业第一、二产业内部动态关联性，认为第一产业存在着林木种植培育水平低、经济林产品产出不稳定等问题，第二产业存在着内部结构不合理、产业结构关联性低等问题，针对问题提出了大兴安岭林区林业产业结构调整的措施[53]；朱玉杰，高晓雨，杨冕运用灰色发展决策理论分析了黑龙江省林业产业结构，明确了林业产业中主导产业和发展方向，为优化林业产业的结构提供了思路[54]；陈向华，耿玉德认为目前黑龙江省林产工业产业属于原子型市场结构，主要表现为产业集中度低、产品差异化程度低、进入壁垒低、退出壁垒高、市场绩效低，要提高黑龙江省林产工业产业组织的运行绩效应改善市场结构和市场行为[55]，并分析了东北内蒙古林区林业产业集中度、X效率、规模效率，并提出了优化林业产业组织的目标和途径[56]；张占贞分析了东北内蒙古林区林业产业集群的条件、影响因素，并对林业产业诸多亚产业的产业集群阶段进行识别，提出了产业集群成长的模式及政策取向[57]。

### 1.3.3 国内外研究综述

纵观国内外相关研究与实践可以看出：国外产业演进理论及林业产业相关理论较为成熟，因为他们有成熟的、现代的西方经济理论作为支撑；发达国家已具有发达的完备的林业产业体系，尽管各国林业产业各具特色。我国对林业产业相关理论的研究较晚，是在继承国外成熟的相关理论精华和结合我国国情、林情的基础上进行的研究，并且，我国林业产业的发展较国外还存在一定的差距。

无论是国内还是国外对林业产业的研究角度、层次、方法、对象和提出的对策各异。但大多数文献对林业产业发展的研究是从某个时间点上静态的分析这个时间点上林业产业的结构和组织状况，而从林业产业整个发展历程上来动态研究林业产业发展的却很少，林业产业的演进阶段的测度及林业产业演进机理的研究几乎没有，大多文献对林业产业发展的研究是以产业经济理论中的产业结构理论和产业组织理论为主线，因为，这方面的理论较为成熟，而以国有林区产业演进的路径为主线来研究产业发展问题的文献却几乎没有；本书将突破习惯领域，从全新的视角来研究国有林区林业产业的演进及发展问题；力求取得开拓性的成果。

## 1.4 研究内容与框架

### 1.4.1 研究内容

本书研究内容主要包括如下8部分：

第1部分绪论。主要是在参阅、分析国内外林业产业相关理论及实践的基础上，结合我国及国有林区林业产业发展实践，提出了本书研究的基点，理论意图、研究方法与研究思路，为研究作以概括性的研究铺垫。

第 2 部分研究基础。主要是对林业产业的内涵及外延的界定、林业产业演进研究范式及涉及理论的介绍，是本书研究的前提条件。

第 3 部分林业产业演进的动因。对林业产业演进及发展问题进行研究，应首先对产业演进的动因进行分析，明确推动林业产业演进的真正驱动力是什么，是研究林业产业演进机理及发展战略制定的前提和基础。

第 4 部分东北内蒙古国有林区林业产业演进的历程分析。从产业规模、产业结构、产业组织、产业集群的角度分析了东北内蒙古国有林区林业产业演进的历程。

第 5 部分东北内蒙古国有林区林业产业演进阶段测度。首先，运用 Logistic、Compertz 生长曲线法对林业产业所处的生命周期进行识别；然后，对亚产业所处的产业发展阶段进行测度；最后，具体分析了林业产业及其亚产业的演进是否遵循产业演进的规律。

第 6 部分东北内蒙古国有林区林业产业演进影响因素分析。首先，根据多元线性回归分析指标选取的要求，选取影响林区林业产业演进的具体指标；其次，运用多元线性回归法对林业产业所处不同阶段进行分析，构建多元线性回归方程，找到影响林业产业演进的显著性因素。

第 7 部分东北内蒙古国有林区林业产业发展水平评价。根据 2008 ~ 2010 年近 3 年的统计数据从产业产出规模及林业产业的投入产出效率两方面评价了目前东北内蒙古国有林区林业产业的发展水平，明确其在显著性影响因素的作用下林业产业发展水平与全国其他省份相比处于一个什么样的位置。

第 8 部分东北内蒙古国国有林区林业产业发展总体思路及支撑体系构建。经过上述全面、系统、科学地对东北内蒙古国有林区林业产业的演进历程、演进阶段、演进影响因素的研究，提出东北内蒙古国有林区林业产业发展总体思路，并从要素、技术、需求、制度及政策等方面构建了保障林业产业发展目标得以实现的支撑体系，并提出具体对策及措施。

### 1.4.2 研究框架

研究框架如图 1-1。

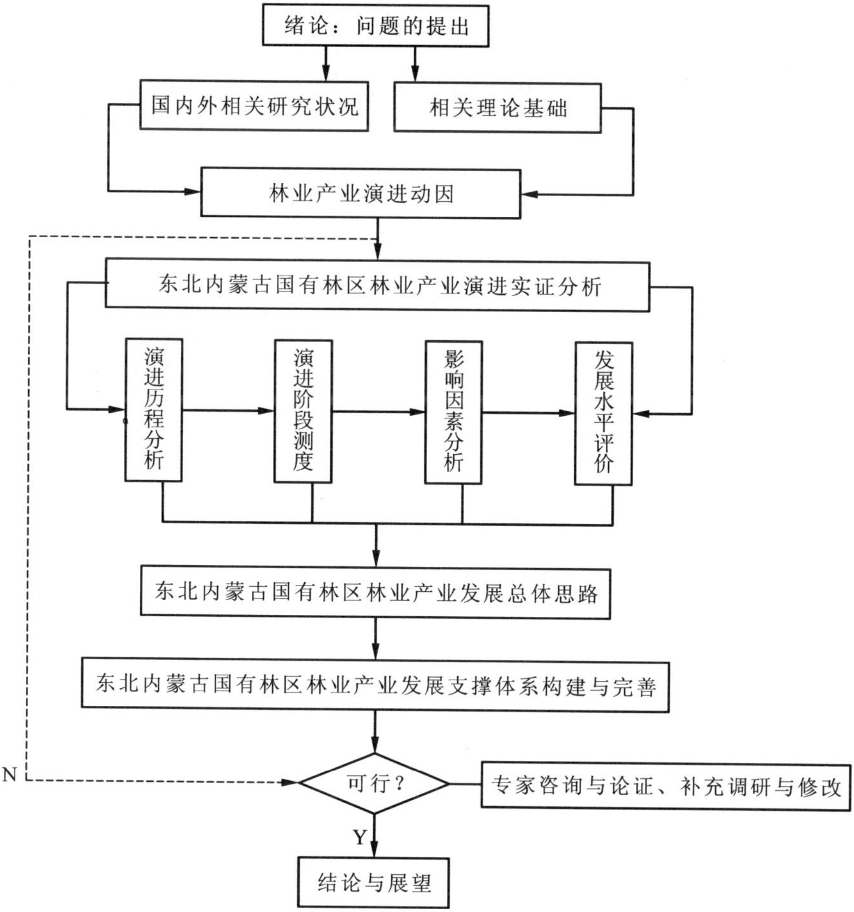


**图 1-1 研究框架图**

## 1.5 研究方法

本书的研究涉及产业经济、演化经济、林业经济、国际贸易等多个学科领域，研究上具有一定的广度；主要采取归纳和综合分析法、规范分析与实证分析相结合方法、定性分析与定量分析相结合方法对具体问题分析和研究。

(1)归纳和综合分析法。在参阅国内外林业产业相关文献资料的基础上归纳总结相关内容，并完成本书的“国内外相关研究与实践”部分。

(2)规范分析与实证分析相结合方法。依据产业生命周期理论产业在不同阶段所表现出的不同特征，对林区林业产业及诸多亚产业所处的发展阶段进行侧度；依据产业经济学理论关于产业结构、产业组织、产业布局的研究范式，分析林区林业产业结构、产业组织、产业布局存在的问题，并提出解决问题的建议。

(3)定性分析与定量分析相结合方法，依据产业不同阶段的特征定性判断林业产业所处演进阶段、并运用 Logistic、Compertz 生长曲线定量方法对林业产业及诸多亚产业的演进阶段进行测度、运用线性回归方程对所处不同发展阶段林业产业演进影响因素及作用机理进行分析、运用 DEA 模型从林区林业投入产出效率角度对林区林业产业发展水平进行评价、运用区位商法对林区林业主导产业进行选择。

# 2 研究基础

## 2.1 林业产业概念的演化

中国的林业建设，经历了由小到大逐步发展的历程。林业产业伴随着国民经济及林业事业的发展，也逐步发展成为一个相对完整的产业体系，涉及国民经济第一产业、第二产业、第三产业的多个门类，是一个涵盖范围广、产业链条长、产品种类多的复合产业群体。与此同时，林业产业概念的界定也在发生着变化，其内涵及外延不断地丰富。本书是对新中国成立以来东北内蒙古国有林区林业产业的演进及发展情况进行研究，因此应首先将林业产业这一概念的演化阐述清楚。

产业(Industry)是指各种生产的事业。林业产业就是依托森林的生产功能来进行生产的事业。随着林业定位的三次调整，森林的“生产内容”也在发生着变化，因而，林业产业的外延也在不断地丰富和发展。

林业第一次定位是在20世纪50年代，将林业定位为“国民经济的重要物质生产部门”，林业的生产内容主要以木材采伐为主，形成了以木材生产为核心的森林工业体系(那时不讲林业产业，只讲林业和森林工业)。森林工业是从事木材生产和加工利用的工业，包括森林采伐、木材运输、林道的勘测设计和施工、木材机械加工(如制材、木制品制造、人造板)和林产品化学加工(如木材水解、热解、提炼物、制浆及其他特殊林产品的生产)等。此时“林业产业”的范围比较狭隘，只包括传统的营林业和森林工业。

第二次定位是在20世纪70年代末以后，林业被重新定位为“既是重要的基础产业，又是重要的公益事业”，但由于林业体制的惯性及木材需求居高不下、生态建设投入水平低等原因，林业的生产内容仍然以木材生产为主，同时木材加工及林化产品加工等生产活动也得到了较快的发展。此时，已将“依托森林的生产功能来进行生产的事业”称为“林业产业”，且生产的产品为有形产品，因此，林业产业包括森林培育业、森林采运业、林产品采集业、野生动植物驯养业、木材加工业、林产化工业等工业内容。

第三次定位是在21世纪初，林业再次被重新定位为“林业是一项重要的公益事业和基础产业，承担着生态建设和林产品供给的重要任务”。新的林业定位的实质就是实行生态优先的林业发展战略，把生态产出作为其经营的首要目标，因而，林业的生产内容不仅包括有形林产品的生产，也包括了无形产品即生态产品的生产，林业产业被定义为“指以获取经济效益为目的，以森林资源为基础，以技术和资金为手段，有效组织生产和提供各种物质和非物质产品的行业”[58]。

按照森林资源的利用方式及产品形态不同，可将林业产业划分为以下若干个亚产业（表2-1）。

**表2-1 林业产业体系构成**

Table 2. 1 Composition of Forest Industrial System

| 产业层次 | 亚产业 | 产品类别 | 产品形态 |
|---|---|---|---|
| 林业第一产业 | 林木的培育与种植业<br>木材和竹材采运业 | 林木<br>木材、竹材 | 木质林产品 |
| | 经济林产品的种植与采集业<br>陆生野生动物繁育与利用业<br>花卉种植业 | 水果、干果、茶、药材等林产品<br>动物<br>花卉 | 非木质林产品 |
| 林业第二产业 | 木材加工及竹、藤、棕、苇制品业 | 锯材、木片、人造板、木竹藤棕苇制品、家具、木制工艺品及文教体育用品 | 木质林产品 |
| | 木、竹、苇浆造纸业<br>林产化学产品制造业<br>非木质林产品加工业 | 纸浆、纸及纸板<br>林产化学产品<br>非木质加工产品 | 非木质林产品 |
| 林业第三产业 | 林业旅游与休闲服务业<br>林业生态服务业<br>林业专业技术服务业<br>林业公共管理及其他组织服务业 | 生态服务 | 无形产品 |

### 2.1.1 林业第一产业

林业第一产业包括木质林产品和非木质林产品的培育性和采运(集)性生产。

木质林产品生产涉及的亚产业主要是林木的培育与种植业和木材和竹材采运业。非木质林产品生产涉及的亚产业包括经济林产品种植与采集业、陆生野生动物繁育与利用业、花卉业。

### 2.1.2 林业第二产业

林业第二产业包括木质林产品和非木质林产品的加工生产。

木质林产品生产涉及木竹加工及竹藤棕苇制品业、木竹苇浆造纸业。非木质林产品生产涉及林产化学产品制造业和非木质林产品加工业。

林业第二产业在范围上超出了原有森林工业的范畴，是涵义更广的森林工业。

### 2.1.3 林业第三产业

林业第三产业是为社会提供生态服务、游憩和其他森林服务的社会公益事业。包括林业生态服务业、林业旅游与休闲服务业、林业专业技术服务业和林业公共管理及其他组织服务业。

由此可见，林业产业是一个相对完整的产业体系，涉及国民经济第一产业、第二产业、第三产业的多个门类；产品形态不仅包括有形产品，也包括无形产品，有形产品分为木质林产品和非木质林产品，而无形产品主要指的是生态服务。

需要说明的是，由于第一产业中的林木的培育与种植业、木材采运业、经济林产品的种植与采集业、第二产业中的锯材木片加工业、人造板制造业、木制品制造业、家具制造业、第三产业中的林业旅游与休闲服务业具有很强的代表性，因此，本书将其作为主要研究对象。

## 2.2 林业产业演进与发展的研究范式

### 2.2.1 林业产业演进的涵义

产业演进是指产业在发展过程中结构、组织和布局不断演化，经济规模与经济效益逐步改善的过程。从宏观层面看，产业的演进是以农业、第一产业、劳动密集型产业、低加工度和低附加值产业等为主导产业的初级产业结构向以工业、第二产业、资本密集型产业、较高加工度和较高附加值产业为主导产业的中级产业结构演进，进而向以第三产业、知识密集型产业、高加工度和高附加值产业等为主导产业的高级产业结构演进。从微观层面看，产业演进是指单个产业经历其生命周期的一种过程，外在地表现为从弱小到强大、从不成熟到成熟；内在表现为产业内部的自我更新和亚产业比例的变化与更替，其产业结构、产业组织、产业布局等都在产业的不同演进阶段逐步合理化[59]。

林业产业演进则属于微观层面的产业演进，就是指林业产业经历其生命周期的一种过程，一方面，林业产业演进在时间上表现为各种生产要素在各亚产业之间以及各林业企业之间的不断流动与消长；在空间上表现为各种生产要素、各林业产业部门以及各林业企业在空间地域上的不断流动、集聚或转移；另一方面，林业产业的演进又直接表现为林业产业结构、林业产业组织和林业产业布局的逐步合理化及高度化，其中，林业产业结构是指林业三大产业及产业内部各亚产业之间的相互联系和数量比例关系；林业产业结构的演进表现为各亚产业之间的关系及各亚产业退化与成长，合理化和高级化是其演进方向，林业产业组织是指林业产业内企业间市场关系（竞争与垄断）关系，其演进进一步表现为产业市场结构和林业企业市场行为的演化，林业产业布局是指林业产业及其内部各亚产业在地域上的分布和组合，合理化是其演进方向[60]。

### 2.2.2 研究范式

#### 2.2.2.1 研究视角

产业生命周期是指产业从产生到衰亡的具有阶段性和规律性的动态变化过程。产业生命周期研究范式被应用于具有动态演化特征的研究对象上，用于描述研究对象的成长轨迹。由于单个产业演进是指产业经历形成期、成长期、成熟期、衰退期这一生命周期的过程。因而，本书将从产业生命周期的视角，根据产业在每一阶段上的特征来研究林业产业演进及发展的规律。

#### 2.2.2.2 逻辑关系梳理

本书从产业生命周期的视角研究东北内蒙古国有林区林业产业的演进及发展规律，主要研究林业产业演进动因、东北内蒙古国有林区林业产业演进历程、林业产业演进阶段测度、林业产业演进的影响因素、林业产业演进发展水平、林业产业发展思路及支撑体系等内容。

首先，分析林业产业演进的动因及林业产业演进历程是本书研究的前提条件；其次，明确了演进的动因、分析了林业产业结构、产业组织、产业集群演进状况后，根据产业演进各阶段的特征识别出东北内蒙古国有林区林业产业所处的阶段，并分析每一阶段受哪些因素的影响；再次，将产出规模及产出效率两方面与全国进行横向比较，识别出产业发展水平；最后，依据以上分析提出东北内蒙古国有林区林业产业发展总体思路，并构建保障林业产业发展目标得以实现的支撑体系，提出具体对策及措施。

## 2.3 相关理论

### 2.3.1 产业结构理论

#### 2.3.1.1 产业结构演进理论

西方经典的产业结构演进理论有配第－克拉克定理、库兹涅茨人均收入影响论、霍夫曼的工业阶段化经验法则、赤松要雁行形态发展理论、钱纳里的“增长的当代形式”模型，关于上述理论的观点已在第一章中阐述，这里不再赘述。

西方经典的产业演进理论为探析东北内蒙古国有林区林业产业结构的演进规律提供了重要的理论依据。

#### 2.3.1.2 主导产业的选择理论

经济学家在研究产业结构演变规律时还发现，一个国家或地区，在不同的发展阶段上往往存在一个或几个“主导产业”。这些主导产业对其他产业的发展具有较强的带动作用，因而在很大程度上决定着这一时期产业结构特征及其发展演变的趋势。因此，主导产业的选择便成为产业结构政策的重要内容[61]。目前，主要的主导产业选择的理论如下。

1. 比较优势理论

亚当·斯密和其学生大卫·李嘉图两位英国经济学家，创立了著名的比较优势理论。亚当·斯密首先提出了绝对优势理论(1999)，而后，他的学生大卫·李嘉图在师承其老师绝对优势理论精髓的基础上提出了比较成本理论(1817)[62]。该理论认为，一个国家生产的产品均处于决定劣势，而另一国家一国生产的产品均处于决定优势，按照绝对优势理论，两国不能够发生国际贸易，但两国可依据“两优取重、两劣则轻”的原则，出口本国具有相对优势的产品，同时进口本国具有相对劣势的产品，就能够最合理地配置资源，实现双方贸易利益的最大化。

2. 赫希曼产业关联基准

赫希曼产业关联基准，是由美国经济学家艾伯特·赫希曼在其《经济发展战略》一书中提出的。具体是指某一产业的经济活动能够通过产业之间相互关联关系(前向关联、后向关联和旁侧关联)影响其他产业的经济活动，并依次通过扩散效应和波及效应促进区域及其他区域经济的发展。区域内主导产业只有与其他产业具有广泛密切的技术经济联系，才有可能通过聚集经济与乘数效应的作用带动区域内相关产业的发展，进而带动整个区域经济的发展。产业关联效应作为区域主导产业的一个重要标准，应当选择那些产业延伸链较长，带动效应大的产业作为主导产业。

3. 罗斯托的主导产业选择理论

罗斯托认为主导产业的应具备以下三个条件，一是具有持续较高的增长率，即该产业部门的增长速度较快，社会需求较大；二是依靠科技进步，能够获得新的生产函数，即该产业部门技术创新的速度较快，技术进步能够为其带来投入的节约及产出的快速增长；三是具有较强的扩散效应，即该产业部门能够依托产业间的前向、后向、侧向关联关系，通过扩散效应带动其他产业的发展，将该产业进步的效果传递给其他产业，从而实现国民经济各部门的增长和发展[63]。

4. 筱原三代平的主导产业选择理论

日本经济学家筱原三代平提出了两个著名的主导产业选择的基准，即："需求收入弹性基准"和"生产率上升率基准"。需求收入弹性基准认为，在人均收入水平逐渐提高的情况下，以需求收入弹性高的产业作为主导产业，即随着收入增长、需求增长幅度最大的产业作为主导产业。生产率上升率基准认为应选择最具备生产力提高潜力，且由于生产率的提高能够成为具有最大相对优势的产业作为主导产业，选择全要素生产率上升快的产业作为主导产业。

本书将运用大卫·李嘉图的比较优势理论，运用区位商分析方法对东北内蒙古国有林区林业主导产业进行选择。

### 2.3.1.3 产业结构优化理论

产业结构优化即产业由低级向高级、由不合理向合理发展的过程，因此，产业结构的优化包括产业结构合理化和产业结构高度化两个方面的内容。

产业结构高度化是指产业结构从低水平状态向高水平状态的发展，是一个动态的过程，即是产业演进的过程，关于产业结构演进的规律将在本书 5.3 节中阐述。

产业结构合理化是指产业与产业之间协调能力的加强和关联水平的提高，是一个动态的过程。产业结构合理化就是要促进产业结构的动态均衡和产业素质的提高。判断产业结构是否合理的标准主要有国际基准、需求结构基准、产业间比例平衡基准等。

产业结构优化的线路图如图 2-1。

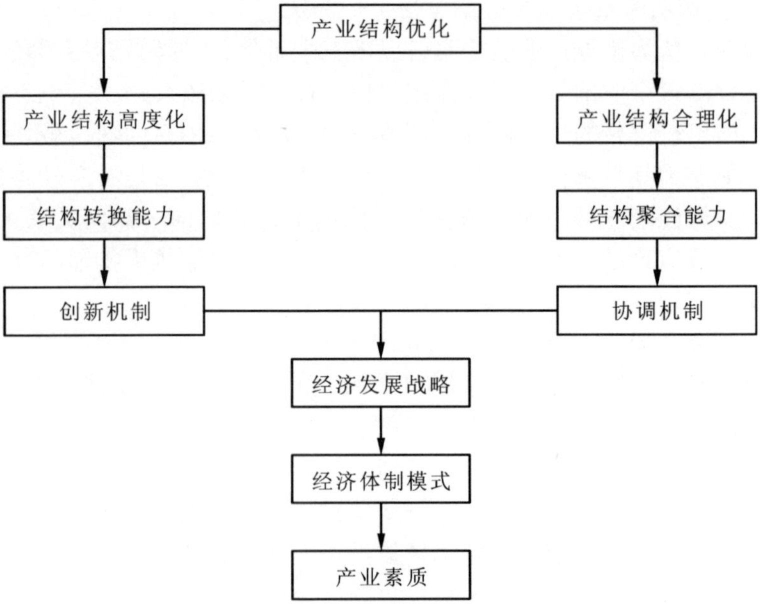


**图 2-1 产业结构优化的线路**

本书将在产业结构优化理论的指导下，分析林区林业产业是否处于高度化状态，并提出林业产业结构优化的目标及思路。

### 2.3.2 SCP 产业组织理论

产业组织理论是一门新兴的应用经济理论。1959 年，梅森的弟子贝恩出版了第一部系统论述产业组织理论的教科书《产业组织》从而成为产业组织理论的集大成者，以梅森、贝恩为代表的产业组织学者被称为哈佛学派，其理论被成为正统的产业组织理论，正统的产业组织理论的基本特征是 SCP 分析范式，其中 S 指市场结构，通常被定义为对市场内竞争程度及价格形成等产生战略性影响的市场组织的特征，决定市场结构的因素：市场集中度、产品差异化程度和进入壁垒的高低；C 为市场行为，即企业在充分考虑市场的供求条件和与其他企业的关系的基础上，所采取的各种决策行为，一般包括价格策略、产品与广告策略、研究开发、排挤竞争对手行为、卡特尔、暗中默契行为；P 为市场绩效，在一定的市场结构和市场行为条件下市场运行的最终经济效果，评价标准有产业的资源配置效率和利润率水平、与规模经济和过剩生产能力相关的生产相对效率、销售费用的规模、技术进步状况与X非效率、价格的伸缩性及产品的质量水准、款式、变换频度和多样性等。三者的关系可用图2-2解释，即在短期内S决定C，C决定P，为了获得理想的市场绩效，最重要的是要通过公共政策(产业组织政策)来调整和直接改善不合理的S[64]。

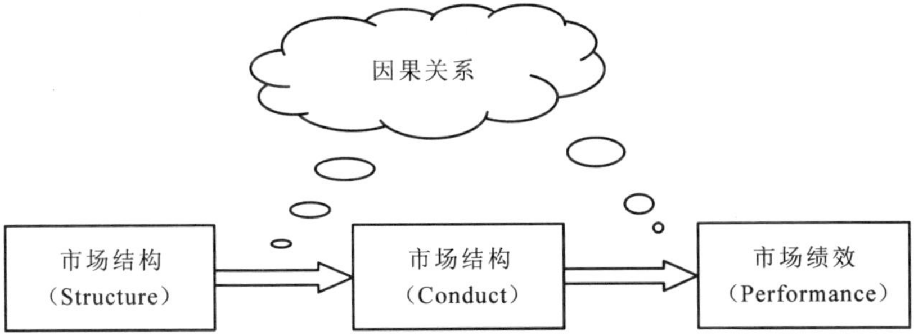


**图2-2 S、C、P三者因果关系图**

本书对东北内蒙古国有林区林业产业组织演进历程的研究就是在SCP理论的研究范式下进行的，对林业产业的市场结构、市场行为、市场绩效做了一个系统的较稳深入的分析。

## 2.3.3 产业集群理论

比较经典的产业集群理论主要有马歇尔外部经济理论、韦伯工业区位理论、克鲁格曼新经济地理理论以及波特竞争力理论。

### 2.3.3.1 马歇尔外部经济理论

马歇尔认为一个企业生产成本的降低、利润率的提高源于内部规模经济和外部规模经济，内部规模经济较容易实现，企业可通过技术创新、管理创新等途径扩大企业生产规模、降低生产成本实现企业内部的规模经济效益；而外部规模经济则不容易实现，马歇尔在其1890年《经济学原理》著作中把外部规模经济与企业集群联系起来，企业集群能够实现企业的外部规模经济效益，并基于此提出了“产业区”这个概念，即专业化产业集聚的特定地区，企业在“产业区”内集聚，可以通过劳动力共享、中间产品投入和技术外溢实现外部规模经济效益[65]。

#### 2.3.3.2 韦伯的工业区位理论

韦伯从工业区位角度研究了产业集群，最早提出了“集群经济”的概念[66]，他在其1909年《工业区位论》著作中认为，产业布局应布局在费用(包括生产费用和销售费用)最小点，即费用最小的区位是产业布局最合理的区位，因此，企业应设置在邻近自然资源产地或产品的目标市场。韦伯揭示了资源地及目标市场集聚大量同类生产企业的原因，即成本节约是产业集群形成的重要动因。按照企业集聚程度的不同将产业集群分为两个阶段，一是初级集聚阶段，同类企业通过自身的成长向某一区域集聚；第二阶段则是最重要的高级集聚阶段，不仅同类企业向某一地区集聚，与之有着关联关系的上下游企业及配套服务企业也向此区域集聚，从而，形成集群效应。

#### 2.3.3.3 克鲁格曼的新经济地理理论

保罗·克鲁格曼在其1991年《收益递增与经济地理》著作中，提出了中心—外围模型，并运用此模型论述了产业集群形成的机制，中心即马歇尔所讲的“产业区”，他继承了马歇尔外部经济理论的观点，并运用数学模型定量化解释了“中心”产生外部经济效益的原因，同时，他还指出政府的相关产业政策会对区域产业集聚产生重要影响。

#### 2.3.3.4 波特的竞争力理论

波特从一个全新的视角—竞争力来分析产业集群现象。波特的“钻石体系”理论从需求条件、要素条件、竞争与战略、相关与支持产业四方面提出了衡量区域竞争力的标准。他认为，产业集群通过对四要素的影响能够提高区域的竞争力，使区域内的企业效率得以提高、交易成本得以降低、制度得以完善、区域名声得到扩大。虽然集群区域内企业的惨烈竞争暂时降低了利润，但相对于其他地区的企业却建立起竞争优势[67]。

本书将运用产业集群理论对东北内蒙古国有林区林业产业集群的演进历程进行分析，并在此基础上提出了林业产业集群的框架。

### 2.3.4 生命周期理论

#### 2.3.4.1 产业生命周期的基本特征

产业的总体发展趋势除受到宏观环境因素的影响外，主要取决于该产业本身的发展特性，即产业所处生命周期的阶段。产业生命周期理论是在弗农 Vemon 产品生命周期理 论基础上逐步发展、演化形成的，是产业演进理论中有关整个产业从出生到成熟过程中，研究产业内产品销售数量、厂商数目、市场结构变化的理论。产业生命周期过程要经历萌芽期或形成期、成长期、成熟期和衰退期四个阶段，如图 2-3。

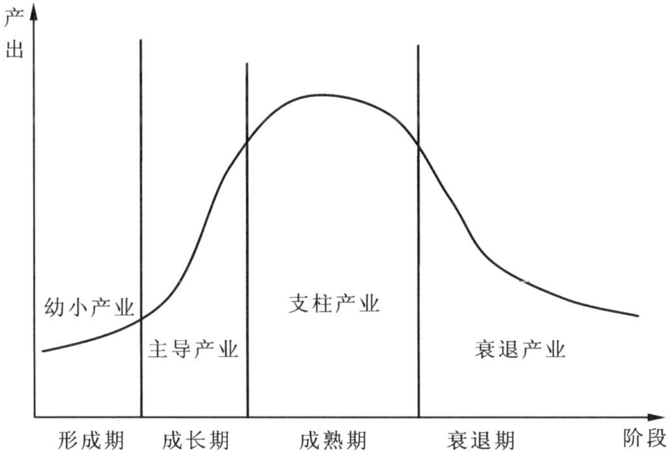


**图 2-3　产业生命周期曲线图**

由图 2-3 可知，产业生命周期的曲线形状与产品生命周期的曲线类似，呈现 S 型。在形成期由于企业数量较少，产业产出增长缓慢；进入成长期，企业数量增加，产出速度逐渐加快；进入成熟期，产出增长速度逐步放缓；在衰退期由于市场需求萎缩，产业产量下降，产出的增长甚至会变为负值。因此，产业生命周期的性质包括该产业演化发展的总体行为模式及其不同的发展阶段的行为特征，见表 2-2。

表 2-2 产业发展各阶段特征

| 产业生命周期阶段 | 产业结构特征 | 产业组织特征 | 产业布局特征 | 在国民经济中的地位和作用 |
| --- | --- | --- | --- | --- |
| 形成期 | 低级、不合理、劳动密集、附加值低 | 产业集中度极低、产品差别小、企业数量增加、横向兼并和混合兼并为主、利润率低、进入壁垒极低 | 布局极为分散、集聚效应差、集聚机制起作用、产业转移少 | 新兴产业 |
| 成长期 | 趋于高级、趋于合理、资本和劳动密集、附加值提高 | 产业集中度较低、产品差别增大、企业数量大幅增加、横向兼并为主、利润率逐渐升高、进入壁垒较低 | 布局分散、集聚效应较差、集聚机制起作用、产业转移低度化 | 朝阳产业、主导产业 |
| 成熟期 | 高级、合理、资本和技术密集、附加值高 | 产业集中度较高、产品差别明显、企业数量较平稳、纵向兼并为主、利润率升高、进入壁垒较高、规模经济、寡占型结构明显 | 布局较合理、集聚机制和分散机制同时起作用、产业转移结构高度化 | 支柱产业 |
| 衰退期 | 低级、不合理、技术落后、附加值降低 | 产业集中度极高、产品差别很大、企业大量退出、混合兼并为主、利润率下降、市场需求减少进入壁垒极高、高寡占型阶段 | 布局极为分散、集聚效应差、集聚机制起作用、产业转移少 | 夕阳产业、衰退产业 |

#### 2.3.4.2 产业生命周期的识别指标和方法

产业演进是一个有机系统，它的自身演化应包括三个方面的变化：产业规模、产业技术和产业组织，既有量的扩张，又有质的提高。产业规模的变化是产业成长的外在表现，产业组织是产业成长的内在表现，产业技术两者表现兼有之[68]。

现有研究主要是依据上述产业演进的内外在表现识别产业阶段类型。具体来讲主要有定性分析方法和定量分析方法。定性分析主要是结合表 2-2 产业各发展阶段的特征，判断产业所处演进阶段；定量分析法是通过分析体现产业技术、产业组织、产业规模特征的量化指标值，判断产业演进所处阶段，但鉴于产业技术变化量化研究难度相对较大，研究主要还是从产业组织和产业规模视角分析。从产业组织视角研究产业演进阶段的方法主要有“净进入率”法、结合创新活动程度和创新主体的识别法、二维识别法、产业集中度识别法；从产业规模视角研究产业演进阶段的方法主要有产出增长率法、普及率法、生长曲线法，其中生长曲线法识别率较高，最为常用的生长曲线有逻辑斯(Logistic)曲线、龚伯兹(Compertz)曲线[69]。

由于产业组织视角的数据可活性较差，我国学者常从产业规模角度测度林业产业演进阶段。本书同样从产业规模的视角运用生长曲线对林区林业产业演进阶段测度。

## 2.4 本章小结

本章首先依据林业生产内容的变化对林业产业内涵、外延做了界定，阐述了林业产业演进的内涵，并构建了现阶段林业产业体系；其次，阐述了本书的研究视角及研究内容之间的逻辑关系；最后，阐述了本研究涉及的相关理论，包括西方经典的产业结构演进理论、产业优化理论、主导产业选择理论、哈佛学派的产业组织理论、产业集群理论、产业生命周期等相关理论，其中，产业生命周期理论是本书研究的线索，其他经济理论是本书研究的理论依据。

# 3

# 林业产业演进动因分析

对林业产业演进及发展问题进行研究，首先应对产业演进的动因进行分析，明确推动林业产业演进的真正驱动力，是研究林业产业演进机理及发展战略制定的前提和基础。

林业产业涉及国民经济第一产业、第二产业、第三产业的多个门类，是一个涵盖范围广、产业链条长、产品种类多的复合产业群体。林业产业作为复杂的社会经济系统中的一个子系统，其演进是许多经济和非经济因素综合作用的结果，单从某一方面很难解释林业产业的演进问题。因而，可将林业产业置于社会经济这一大系统中，通过对系统各种作用力及其相互关系的分析来寻找林业产业演进的真正驱动力。根据国内外相关文献对产业演进动因的分析及林业产业的特性，本书将推动林业产业演进的驱动力归纳为五个方面：技术创新、供给因素、需求因素、政策及制度、国际因素；通常把技术创新称之为林业产业演进的内在动力；把供给因素、需求因素、政策及制度、国际因素称之为林业产业演进的外在因素。林业产业的演进就是在内在动力和外在动力共同作用下的进行的。图 3-1 为林业产业演进的动力模型，下文将具体解析技术创新、供给因素、需求因素、政策及制度、国际因素五个驱动力对林业产业演进的推动作用。

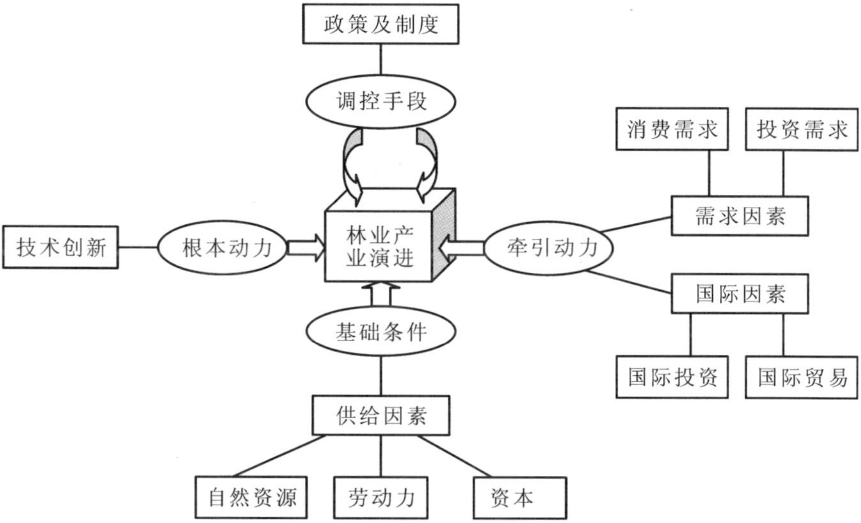


**图 3-1 林业产业演进的动力模型**

## 3.1 技术创新是林业产业演进的根本动力

技术创新可以分为狭义和广义两个层次。狭义技术创新，主要是指生产领域劳动工具、劳动对象、工艺流程、操作方法及劳动者的知识、技能等的改进更新和发展；广义技术创新，除了上述内容外，还包括微观与宏观层面上组织管理技术(如管理方法、决策方法、计划方法、组织方法、推销方法、流通方法等)的改进与提高、发展和完善[70]。

林业技术创新就是指林业生产领域劳动工具、劳动对象、工艺流程、操作方法及劳动者的知识、技能的改进更新和发展以及管理方法、决策方法、计划方法、组织方法、推销方法、流通方法的改进与提高、发展和完善。技术创新是林业产业演进的根本动力，提高了林业产业系统的生产率，降低了资源的消耗，使消费品升级换代，增加了系统的产品数量，促进林业产业结构升级，并推动林业主导产业及其相关产业由低级到高级不断演进，如图 3-2。

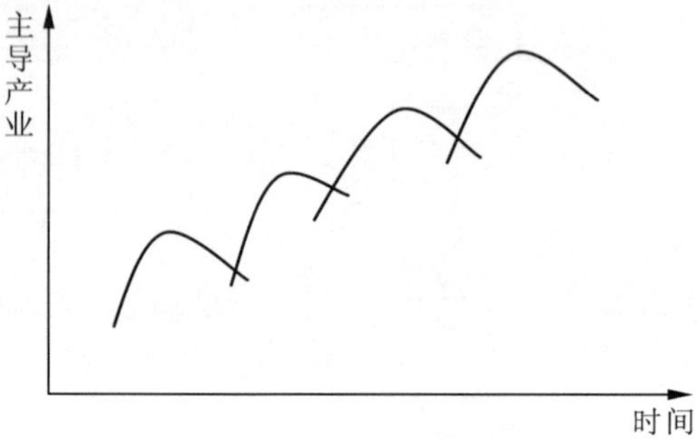


**图 3-2 林业主导产业演进图**

技术创新作用于林业产业演进的机理如图 3-3，可概括为：首先，宏观主体及微观主体在经济利益及社会利益的驱动下，通过技术研究与开发投入完成技术创新，即将研发成果转化为新材料、新工艺、新产品、新方法等；其次，通过技术扩散使新材料、新工艺、新产品、新方法等创新成果从某一家林业企业扩散到其他林业企业，一个领域扩散到其他领域，从而使林业产业及相关产业的生产力水平提高，知识与技术积累量逐渐增多，分工逐渐细化、专业化水平逐渐提高。最后，需求及供给将由于生产力水平的提高、分工的细化发生变化，两者共同作用引致林业产业的兴起或衰亡，推动林业产业系统向现代化、高层次方向演

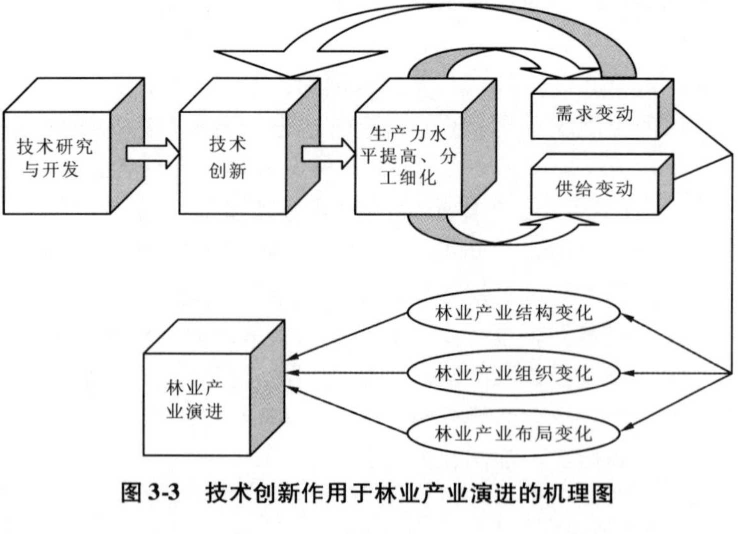


**图 3-3 技术创新作用于林业产业演进的机理图**

进。技术创新通过需求和供给作用于产业演进的具体过程如下：

从供给方面看，林业产业出现的技术创新活动和技术进步，使林业产业的资本、劳动等投入要素的比例发生变化，进而影响到林业产业产出的变化：技术创新使林业产业某部门具有更高的生产效率，生产要素在利益的驱动下由生产效率低的部门向效率高的部门移动，从而引起某一林业产业规模的扩张和收缩，从而使林业产业结构及产业在空间上的布局发生变动；另外，创新给林业企业带来了较高的效率，较高的效率又使林业企业的生产规模扩大，容易形成规模经济，原有竞争格局发生变化，原有的市场结构就会被打破，市场行为及市场绩效也将发生变化，即林业产业组织也随之改变，进而推动林业产业向高级化方向演进。

从需求方面看，林业技术创新刺激和创造了新的社会需求、引起了人们对林产品需求的变动，从而直接影响到林业产业的要素投入，要素投入的变化，促使林业产业结构、布局及组织发生相应变动。另外，需求的变化又成为林业产业各部门技术创新的动力，因为，技术创新使林业产业各企业已有产品不断更新换代，获得更大发展空间，能够为林业企业带来更高的利润。同时，技术创新对林产品发展空间的影响归为以下几方面：

(1)产品质量升级型。产品生产新技术的应用，不仅是改善了产品的质量，且扩展了产品的功能和用途，致使对该产品需求增加，使产业系统的发展空间增大，如各种木制家具由于新的生产方法的运用使产品的技术含量不断提高，质量不断优化，性能不断改进，木制家具给人们带来的用途不仅仅是储藏衣物，更重要的是心灵的愉悦与享受产品。

(2)成本降低型。技术创新提高了生产效率节约了资本或劳动，在没有改变产品性能的基础上却大大降低了产品的生产成本，从而增加了产品的需求量，如人造板随着生产工艺的不断改进，生产成本不断降低。

(3)产品品种(功能)增加型。技术创新使林产品功能或品种增加，从而增加了对林产品的需求量，扩大了林产品的市场需求范围，增大了林业产业的发展空间，如各种木制工艺品近年来由于美观环保等特点受到青睐[71]。

## 3.2 供给因素是林业产业演进的基础条件

供给因素对林业产业的演进的作用，就是指森林资源、劳动力资源、资本等生产要素对林业产业演进的作用。森林资源、人力资源和资本资源是林业产业发展的基础条件和重要支撑。

### 3.2.1 森林资源作用于林业产业演进的机理

森林资源是整个林业产业发展的基础，对产业演进有着很大的影响，可以说林业产业的演进与发展的历史就是对森林资源进行开发、利用和改造的历史。资源的数量、质量、结构、分布决定着林业产业发展的方向、规模、深度。西方发达国家的原料林为人造板产业的发展提供个充足的资源，大大促进了人造板等林产品加工业的发展。森林资源作用于林业产业演进的过程如下：

森林资源对林业第一产业演进的作用主要体现在：森林资源的数量、质量、结构、分布决定着木材采运业、林产品采集及野生动物驯养与繁殖业的发展。如新中国在经济发展初期的时候，东北内蒙古国有林区森林资源丰富，该区域的木材采运业的发展较为迅速，经过几十年的采伐森林资源数量及质量下降，我国采取了天然林保护政策，大大调减木材产量，此时，依托森林资源进行生产的林产品采集业及陆生野生动物繁育与利用业得到了较大的发展，可见林业第一产业内部的产业结构发生了变化。

森林资源对林业第二产业演进的作用主要是通过对第一产业的影响实现的，即遵循“森林资源——第一产业——第二产业”这样一个过程。林业第一产业的产品的数量及结构直接影响着林业第二产业即加工业的发展，因为，第二产业所需的原材料来源于第一产业产品的产出，如由于木材采运业发展受到资源的限制，木材产量减少，不考虑其他因素的情况下，锯材及木片加工业的发展也相应受到限制。

森林资源对林业第三产业演进的作用主要体现在：森林资源作为景观资源，通过合理的开发能够促进森林旅游及休闲服务业的发展，如黑龙江伊春局依托区域独特的森林资源已建成若干个国家级及省级森林公园，森林旅游及休闲服务业发展势头非常好；同时，森林资源的数量、质量、结构也会影响到森林旅游及休闲服务业的规模，森林资源相对贫乏的地区森林旅游及休闲服务业发展将会受到限制。

森林资源也会影响到林业产业结构，即森林资源的利用结构影响到相关产业的发展，进而影响到林业产业结构，若森林资源利用侧重于生态效益时，公益林所占的比重较大时，会促进森林资源培育业的发展、森林采运业及木材加工业的发展会受到限制；若森林资源利用侧重于经济效益时，商品林所占比重较大，那么会促进木材加工业的发展，可见资源利用结构的变化会引起产业结构的调整。

总之，森林资源是林业产业发展的命脉，林业产业的发展必须要有足够的森林资源才能实现，因此，必须加快森林资源培育业的发展，不断提高森林资源的总量和质量[72]。

### 3.2.2 劳动力资源作用于林业产业演进的机理

劳动力是最主要的生产要素，是产业演进的重要影响因素。产业演进取决于其相应资源投入的规模和资源利用的效率，劳动力资源的数量、质量、流向及生产效率影响着林业产业的演进方向。劳动生产效率的改进主要是通过技术创新来实现的，即技术创新提高了劳动生产效率，促进了劳动力由低效率部门流向高效率部门，改变了劳动力的就业结构，从而影响林业产业结构及组织的变化。劳动力的数量及质量对林业产业演进的机理可概括为：

(1)劳动力投入数量的增加，林业产业的产出将增加，按照生产函数：$Y=AK^{\alpha}L^{\beta}$，产出与劳动力投入量呈正比，投入的劳动力越多，所生产的林产品就越多，林业产业的发展就越快；劳动力数量影响要素投入的结构，在劳动力资源丰富的区域，劳动力价格较低，应多投入劳动力，而少投入资本发展劳动密集型的产业，如木制的手工艺品制造业、陆生野生动物繁育与利用业就是充分利用了劳动力的资源优势发展起来的。

(2)劳动力质量的提高，使劳动力可以较快地接受新工艺，适应新技术，将新技术转化为生产力，提高劳动生产率，促进林业产业的发展。劳动力质量提高主要指人力资本存量的增加。人力资本的增加能够增强产业创新能力，通过市场价格机制，实现资源转移，利润增加。林业从业人员中较高素质的劳动力所占的比重并不大，因此，成为制约林业产业发展的一大瓶颈。

### 3.2.3 资本作用于林业产业演进的机理

在各种资源中，资本是一种无法完全替代的资源，资本是产业形成和发展的物质基础，而资本的形成是通过投资来实现的，因此，投资规模、投资结构对产业演进起着重要的作用。投资作用于林业产业演进的机理可概括为：

(1)在一定的技术水平下资本的投入规模直接影响着林产品的产出量，资本投入越大，所生产的林产品就越多，林业产业的发展就越快，如近年来森林资源培育业由于国家大量投资得到了快速的发展；林业产业投资规模的扩大，引致了对劳动力需求的增长，林业产业在资本和劳动力等生产要素充分供给下将加快发展的步伐；资本充足会加大对科技投入，提高技术进步的速度，从而带来产品生产消耗的减少和效率的提高，使产品成本降低，产品价格下降，产品竞争力增强，对林产品需求就会上升，从而影响林业产业结构。

(2)林业投资结构是指投入在林业产业各部门资金的比例，林业产业的投资结构关系到林业产业内不同亚产业的发展方向，如森林资源培育业与林产工业及森林旅游业的投资数额的比例，直接决定了林业第一产业，第二产业及第三产业的发展方向，从而影响林业产业结构的演进方向。

## 3.3 需求因素及国际因素是林业产业演进的牵引动力

### 3.3.1 需求因素作用于林业产业演进的机理

需求(包括现实的和潜在的)是指人们产生的对需要或欲望的动机。在微观经济学中，需求被定义为：买者在某一特定的时间内在某一价格下对一种商品愿意而且能够购买的数量。需求可以分为国内需求和国外需求，本书将国外需求放入到国际因素中考虑，因此，这里的“需求”指国内需求。而需求又包括生产资料需求和生活资料的需求，即投资需求和消费需求，前者是中间需求，后者是最终需求，而对投资需求是对消费需求派生出来的。消费需求在社会总需求中所占份额最大[73]，是林业产业演进的根本动因之一。消费需求构造了市场利润的空间，在市场机制作用下，林业企业会加大产品的研究开发力度以满足市场的需求，一方面自己获得丰厚的利润，另一方面客观上促进了林业产业的进一步成长。消费需求作用于林业产业演进机理的模型如图 3-4。

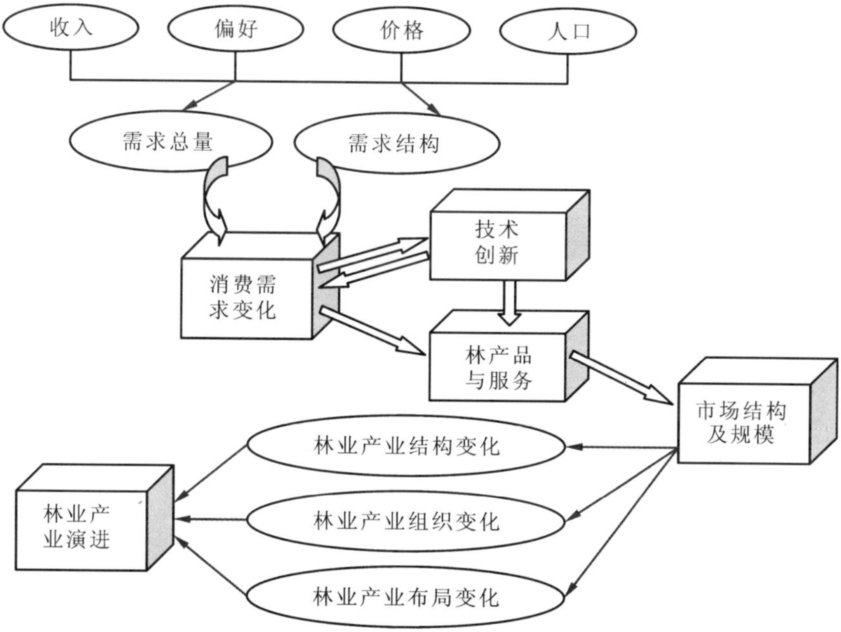


**图 3-4 消费需求作用于林业产业演进的机理图**

消费需求作用于林业产业演进的具体过程如下：

首先，随着人们收入水平、偏好、科技、价格及人口结构等因素的变化，消费需求总量和需求结构随之变化，即对林产品的消费需求发生变化[74]。随着人们收入水平及科技水平的提高，需求偏好发生变化，对低加工度、低附加值的产品的需求逐渐减少，而对高加工度、高附加值生态环保的林产品的需求逐渐增加，即原有的对林产品的需求在改变，如对高档家具、地板及森林旅游生态产品的需求在不断增加；另外，人口数量增加及质量的提高加大了林产品的需求总量并改变了原有的需求结构。中国木材消费由主要集中于道桥、建筑及农用薪材，转变为主要集中于造纸业、建筑及装修行业、家具三大领域。随着中国经济的快速发展，城市化进程的不断推进，对木材需求的拉动将越来越强，木材、家具业和地板业等制成品的消费将逐年增多；随着农民收入的上升，建房用材需求将进一步增大；随着造纸业的大发展，造纸业用木材需求也将进一步增大。

其次，产品与服务的市场逐渐细化，产业逐渐分化，原有的林产品市场结构及市场规模被打破。如由于对家具、木地板等需求的增加，加之木材产量的减少，家具及木地板生产企业将减少原木及锯材的使用比重，而增加各种人造板的使用比重，市场上实木家具及地板产品的比重将较小，而各种板式家具及复合地板产品的比重将增大，即家具及地板市场的结构及规模在发生改变。

最后，林产品及服务市场结构及规模的改变将引致林业产业结构、组织、布局的变化，即林业产业在消费需求的牵引下向着合理化及高级化方向演进。如人造板需求量的增加，促使了人造板产业、家具、木地板产业得以快速的成长，使木材加工产业结构发生变化；由于家具、地板及人造板的市场结构发生变化，原有的竞争格局就会被打破，产业集中度、产业进入和退出壁垒也将发生变化，从而对木材加工业的产业组织产生深刻的影响。

由此可见，木材加工业由于消费需求的变化正在由低加工度、低附加值向着高加工度、高附加值的方向演进，消费需求引致了林业产业的演进，是林业产业演进的巨大牵引动力。

### 3.3.2 国际因素作用于林业产业演进的机理

国际因素包括国际贸易因素及国际投资因素，是在开放经济条件下来自外部对产业演进发生影响的变量，是一国产业演进的外在牵引动力。

#### 3.3.2.1 国际贸易

国际贸易作用于林业产业演进的机理是通过国际比较利益机制实现的[75]。一方面，一国具有国际比较优势的产品和资源往往成为出口的主导产品，如具有比较优势的家具及木制工艺品成为黑龙江省近年来出口的主导产品，家具及木制工艺品的出口促使了生产的专业化和林业企业生产效率的改进，促进了家具及木制品产业结构的优化与升级；另一方面，国外生产要素的进口可以克服要素瓶颈，使本国优势产业获得最大程度的发展。如由于天保工程的实施，我国木材产量大幅减少，从国外进口木材及锯材不但缓解了我国市场供需之间的矛盾，使我国宝贵的森林资源获得休养生息，同时大大促进了国内木材加工企业通过技术创新提高资源的利用的效率，容易形成规模经济效益，促使木材加工业及相关产业产品升级及结构优化。另外，林产品的进出口结构，即外贸结构对林业产业的演进具有巨大的推动作用，如出口高附加值、技术密集型的林产品较出口初级加工的林产品能够获得更大的利润空间，企业在利益的驱动下不但自身得到了发展，客观上推动了林业产业演进及结构升级。

#### 3.3.2.2 国际投资

国际投资根据资本的流向分为对外投资和外国投资两方面。

对外投资对林业产业演进的作用主要体现在：一国对外投资使本国的产业向国外转移，正是日本经济学家赤松要雁形形态理论所描述的“第二只大雁”，那么，无论是“第二只大雁”(对外投资、国外生产)还是“第三只大雁”(产品低价反内销)，都会改变投资国的产业结构，投资国在国际竞争的压力下，不断创新技术，从而使产业结构在创新的引致下不断走向高级化、合理化。林业的对外投资同样能够促进本国产业结构的优化。

相对于对外投资而言，外国直接投资对林业产业演进的推动作用则较大，体现在：首先，外国的直接投资直接决定了林业生产方式、生产技术、生产产品的数量、质量，这会直接改变原有的林业产业结构；其次，外资企业中间产品的供应结构和最终产品的销售结构也对原有的林业产业结构产生直接影响；最后，外资所带来的技术和管理对本国林业产业也会产生深远的影响，会引起本国林业生产技术的进步及林业企业经营管理理念及方法的创新。外国直接投资的规模及结构改变国内对林业产业的投资结构，改变产业结构形成的物质基础，实现林业主导产业部门的更迭，进而提高整个林业产业的资本和技术密集度，引导林业产业向高度化方向发展。

## 3.4 政策及制度是林业产业演进的调控手段

政策是配置资源和规范人们经济活动的“指挥棒”，产业发展政策对产业发展有着深远的影响，而政策发挥是通过一系列具体制度安排来实现的。在许多有关产业发展的模型当中制度因素是被排除在外的，即将制度视为已知的、既定的或将制度因素作为“外生变量”，主要是通过各种物质生产要素的变化去分析生产率的变化和产业发展与否。直至，诺思提出“制度变迁是影响经济增长的决定性因素”[76]，才将制度视为影响经济发展及产业发展的内生变量。

从林业产业演进过程来看，产业的不断扩张，表明一方面不断有新的企业进入林业产业，另一方面是现有产业内的林业企业不断扩大自身的规模，这就需要规范的产业进入制度、完善的产业融资制度、适宜的企业兼并制度以及资源自由流动市场制度及产权制度等，在诸多促进林业产业演进及发展的政策及制度中对东北内蒙古国有林区林业产业演进及发展影响最大的就是天然林资源保护工程政策及林业产权改革制度的实施。

在新中国成立初期，国家实行劫掠式开发森林资源的政策，木材采运业得到了较快的发展，但这是一种杀鸡取卵、竭泽而渔的一种破坏式的森林资源的开发政策，不仅严重破坏了森林资源的再生能力，并且由于资源数量的锐减、质量的下降大大限制了资源利用产业的发展，使国有林区陷入了“资源危困、经济危机”的境地；国家意识到掠夺式开发的危害，决定走“边利用、边保护”这样一条道路，但由于没有替代产业的发展，国有林区仍然没有摆脱“两危”的境地；直至，以我国林业可持续发展报告——《中国21世纪议程林业行动计划》为标志，20世纪90年代中叶开始，国有林区林业进入了探索可持续发展的新时期，国家实施的林业六大重点工程政策，特别是其中的天然林保护政策对国有林区林业产业的发展带来生机和活力，一方面，资源得到了保护，依托森林资源的林下经济及森林旅游得到了较快的发展，另一方面，由于生产技术的进步，人造板制及家具等制造业发展也较快，从而，形成了较为完善的林业产业体系。二期天保工程在2011年启动，东北内蒙古等重点国有林区木材年产从一期定产的 1094.1 万 $m^3$，分三年调减到 402.5 万 $m^3$，这一政策的实施必将影响到林业产业的演进方向。

林业产权制度同样对林业产业的演进起到十分重要的推动作用，主要有国有森工企业改革和林权改革两方面。在我国经济体制改革大的背景下，国有林区进行的国有森工企业改革，对经营效益差、技术落后的林业企业采取承包、租赁、转让、股份制的形式改变其单一的国有产权属性，多元投资主体拥有企业的所有权或使用权，产权明晰、责权明确促进了其经营的积极性，使其在利益的驱动下，不断地扩大生产规模，使得国有林区的林业产业焕发了勃然生机，林产加工业的产品不断丰富、科技含量及附加值大大提高，可见，国有企业所有制改革大大促进了林业产业及林区经济发展。而林权改革改变了林木及林地原有产权属性，浙江、福建等南方集体林区及黑龙江伊春国有林区先后进行了集体林权和国有林权改革[77]，主要采取林地承包等形式使林农或林业职工拥有林地的经营使用权、林木的所有权。在林改前后林农和林业职工都是对林地进行承包管护经营，但区别在于林改前没有林木的所有权，不能依据市场需求出卖、抵押、采伐林木，而林改后有权对林木进行处置，实现商品林市场化运作，直接或间接影响到森林资源培育业、经济林产品采集等多资源利用业、采运业、林产加工业的发展[78]。

## 3.5 本章小结

林业产业演进的动因源于内在动力及外在动力两方面。技术创新是林业产业演进的内在动力；供给因素、需求因素、政策及制度、国际因素是林业产业的外在动力。具体来讲，技术创新是林业产业演进的根本动力；供给因素是林业产业演进的基础条件；需求因素及国际因素是林业产业演进的牵引动力；政策及制度是林业产业演进的调控手段。林业产业在五个驱动力的作用下由低级向高级逐渐演进。通过本章的分析为以下章节进一步研究林业产业的演进及发展问题做了很好的铺垫。

# 4

# 东北内蒙古国有林区林业产业演进历程分析

东北内蒙古国有林区包括五大森工集团，即“大兴安岭林业集团”（1992 年）、“吉林森林工业集团”（1994 年）、“内蒙古森林工业集团”（1995 年）、“龙江森林工业集团”（1996 年）、延边林业集团(1998 年)，经营的区域共有有 84 个森工企业，本书将以这 84 个森工企业为样本，进行研究分析。

东北内蒙古国有林区是我国林业资源最集中、资源最丰富的国有林区。该林区地处我国大、小兴安岭和长白山脉，生态地位非常重要，既是松花江、嫩江等水系的发源地，又是松嫩平原、松辽平原、三江平原粮食基地和呼伦贝尔草原牧业基地的天然屏障。这一地区还是满族、蒙古族、朝鲜族、鄂温克族、鄂伦春族等少数民族聚居区。东北内蒙古国有林区是国家最大的木材生产基地，国家重要的森林后备资源培育基地。林区发展与新中国的建立、建设和国民经济的发展紧密联系在一起的，为我国的经济建设做出了巨大贡献。新中国成立以来，东北内蒙古国有林区累计为国家提供木材 20 多亿 $m^3$，占全国同期商品材产量的近 1/2。长期以来木材采运业是林区重要的支柱产业，但随着天然林资源的长期过度采伐，进入 20 世纪 80 年代，林区陷入了“两危”境地。自 1998 年实施天然林资源保护工程以来，国有森工企业由过去主要从事木材生产变为主要从事森林资源培育与保护。天保工程实施十多年来，国家在东北国有林区累计投入了 500 多亿元资金，使得东北国有林区的生态环境得到了初步恢复，林业产业得到了长足快速的发展，产业发展水平明显改善，林业产业已经成为林区经济发展的重要支柱。本书将从产业规模、产业结构、产业组织、产业布局等方面来考察林区林业产业演进的历程。

# 4.1　产业规模演进历程

产业规模就是指林业产业的产值及产量的大小。根据资料的可获得性，本书从各产业的林业生产及服务活动来阐述林业产业生产规模的演进历程。

## 4.1.1　林业第一产业规模演进历程

林业第一产业的生产活动主要有造林、木材生产、经济林产品种植与采集及野生动植物繁育与利用、花卉种植等多种经营活动，以下将结合以上生产活动阐述林业第一产业规模的演进历程。

### 4.1.1.1　造　林

造林面积能够较好反映营林生产规模。造林面积大体经历了先增加后减少的过程，1999 年为拐点，见表 4-1。1988 年东北内蒙古国有林区共造林 59528 $hm^2$，1997 年为 92687 $hm^2$，1998 年开始实施天保工程，造林面积达 152375 $hm^2$，较 1997 年增长了 64%，而 1999 年为历年造林规模最大的一年，面积达 233317 $hm^2$，而后，造林面积有所减少，2010 年只有 3114 $hm^2$，主要是由于天保工程后的大规模造林，大片林子还处于生长期，可造林的林地面积又大大减少。

表 4-1　东北内蒙古国有林区历年荒山荒地造林面积($hm^2$)

| 年份 | 黑龙江国有林区 | 吉林国有林区 | 内蒙古国有林区 | 总计 |
|---|---|---|---|---|
| 1988 | 43600 | 3444 | 12484 | 59528 |
| 1989 | 67124. 53 | 4188 | 11590 | 82903 |
| 1990 | 44976 | 4109 | 12088 | 61173 |
| 1991 | 41203 | 5972 | 13307 | 60482 |
| 1992 | 41577 | 7001 | 16969 | 65547 |
| 1993 | 51716 | 5612 | 17987 | 75315 |
| 1994 | 56180 | 7180 | 13821 | 77181 |
| 1995 | 62578 | 5256 | 12935 | 80769 |
| 1996 | 82875 | 2744 | 7551 | 93170 |

（续）

| 年份 | 黑龙江国有林区 | 吉林国有林区 | 内蒙古国有林区 | 总计 |
|---|---|---|---|---|
| 1997 | 68128 | 3615 | 20944 | 92687 |
| 1998 | 81947 | 12838 | 57590 | 152375 |
| 1999 | 110614 | 72035 | 50668 | 233317 |
| 2000 | 75058 | 29893 | 22925 | 127876 |
| 2001 | 37566 | 22563 | 8684 | 68813 |
| 2002 | 25166 | 2507 | 10700 | 38373 |
| 2003 | 25544 | 4710 | 6690 | 36944 |
| 2004 | 18013 | 1071 | 3874 | 22958 |
| 2005 | 0 | 179 | 2754 | 2933 |
| 2006 | 829 | 1291 | 3458 | 5578 |
| 2007 | 2690 | 166 | 1161 | 4017 |
| 2008 | 0 | 27 | 571 | 598 |
| 2009 | 0 | 123 | 60 | 183 |
| 2010 | 3024 | 0 | 90 | 3114 |

资料来源：2008～2010年《中国林业统计年鉴》。黑龙江国有林区指龙江森林工业集团和大兴安岭林业集团所辖区域，吉林国有林区指吉林森林工业集团和延边林业集团所辖区域，内蒙古国有林区指内蒙古森林工业集团所辖区域，下同。

#### 4.1.1.2 木材生产

生态优先的林业发展战略，把生态产出作为其经营的首要目标，东北内蒙古国有林区自天保工程实施以来木材生产规模逐渐缩小，见表4-2。木材采运业自新中国成立初期由于国家政策的原因发展速度较快，至20世纪80年代达到高峰，1987年东北内蒙古国有林区的木材产量达到最大值，为2702.54万$m^3$，而后由于可采资源逐年减少，木材产量也相应减少，特别是在1998年之后，木材产量减少的速度更快，由1998年的1611.58万$m^3$减少到2010年的1079.46万$m^3$，减少了532.12万$m^3$，减少幅度为33.02%。随着二期天保工程的开始，木材年产量从一期定产的1094.1万$m^3$，分三年调减到402.5万$m^3$，减产幅度相当的大，木材产量将进一步减少。

表 4-2 东北内蒙古国有林区历年木材产量($m^3$)

| 年份 | 黑龙江国有林区 | 吉林国有林区 | 内蒙古国有林区 | 总计 |
|---|---|---|---|---|
| 1985 | 15480510 | 4816979 | 3994874 | 24292363 |
| 1986 | 16421733 | 5052832 | 5353347 | 26827912 |
| 1987 | 16872974 | 5077472 | 5074981 | 27025427 |
| 1988 | 17275254 | 4314897 | 5040104 | 26630255 |
| 1989 | 16952327 | 4369334 | 4405016 | 25726677 |
| 1990 | 15014679 | 4050038.7 | 4319011 | 23383729 |
| 1991 | 13077030 | 3730743.3 | 4233006 | 21040779 |
| 1992 | 11129352 | 3411448 | 4147001 | 18687801 |
| 1993 | 10626191 | 3730788 | 4099000 | 18455979 |
| 1994 | 10607414 | 3714395 | 4066408 | 18388217 |
| 1995 | 10650544 | 3825489 | 4272000 | 18748033 |
| 1996 | 10753380 | 3892378 | 4292000 | 18937758 |
| 1997 | 10119664 | 3594213 | 4103000 | 17816877 |
| 1998 | 9156703 | 3138916 | 3820200 | 16115819 |
| 1999 | 8140938 | 2827284 | 3144700 | 14112922 |
| 2000 | 6861914 | 2497396 | 2631727 | 11991037 |
| 2001 | 6471571 | 2302414 | 2351727 | 11125712 |
| 2002 | 6232062 | 2231067 | 2414045 | 10877174 |
| 2003 | 6087547 | 2073428 | 2474598 | 10635573 |
| 2004 | 5971667 | 2086349 | 2839236 | 10897252 |
| 2005 | 6204718 | 2148158 | 2443286 | 10796162 |
| 2006 | 6112930 | 2012145 | 2454160 | 10579235 |
| 2007 | 6153558 | 1968060 | 2667257 | 10788875 |
| 2008 | 6530738 | 1980093 | 2366332 | 10877163 |
| 2009 | 6088790 | 1920437 | 2291708 | 10300935 |
| 2010 | 6046810 | 2337450 | 2410361 | 10794621 |

注：根据《全国林业统计资料》、《中国林业统计资料》、《中国林业统计年鉴》数据整理得出，1990 年和 1991 年大部分数据缺省，采用前后两年的平均值法代替，下同。黑龙江国有林区指龙江森林工业集团和大兴安岭林业集团所辖 49 个林业局，吉林国有林区指吉林森林工业集团和延边林业集团所辖 18 个林业局，内蒙古国有林区指内蒙古森林工业集团所辖 17 个林业局，下同。

#### 4.1.1.3 森林资源多种利用

森林资源多种利用主要指经济林产品的种植与采集、野生动植物繁育与利用、花卉生产等生产经营活动。天保工程实施后，木材产量减少，而森林资源的多种利用业发展较快。经济林产品的种植与采集业产值如附表 4，在 2002 年后发展速度较快，产值由 2002 年的 28208 万元，增加至2010年的262039万元，年均增幅32.13 %，产量见表4-3，由2003年的37739吨，增加至2010年的136476吨，年均增幅17.43%；野生动植物繁育与利用业在2003年后发展较快，产值如附表5，由2003年的3751万元，增至2009年的37764万元，年均增幅46.95%。

**表4-3 东北内蒙古国有林区历年各类经济林产品产量(吨)**

| 年份 | 黑龙江国有林区 | 吉林国有林区 | 内蒙古国有林区 | 总计 |
|---|---|---|---|---|
| 2003 | 23447 | 8932 | 5360 | 37739 |
| 2004 | 47878 | 5560 | 3216 | 56654 |
| 2005 | 96338 | 11352 | 4666 | 112356 |
| 2006 | 105363 | 9491 | 3324 | 118178 |
| 2007 | 84175 | 13339 | 21030 | 118544 |
| 2008 | 71014 | 19404 | 5017 | 95435 |
| 2009 | 92019 | 26133 | 2902 | 121054 |
| 2010 | 112745 | 23731 | 0 | 136476 |

资料来源：根据《全国林业统计资料》、《中国林业统计资料》、《中国林业统计年鉴》数据整理得出。

### 4.1.2 林业第二产业规模演进历程

#### 4.1.2.1 锯材及木片加工

伴随着木材采运业生产规模的缩小，锯材加工业生产规模也受到相应的影响，产量总体呈现下降趋势，见表4-4。1989年锯材产量达到历年最高点为233.63万$m^3$，而后由于木材产量的下降，锯材产量也有所下降，至2002年锯材产量为32.98万$m^3$，下降了200.65万$m^3$，下降幅度达85.9%，年均下降幅度达16.26%；2002年之后锯材产量又有所增加，由2003年的39.07万$m^3$增至2010年的68.23万$m^3$，主要是由于2001年中国加入世贸组织，增强了国际间经济与贸易的合作，原木进口量增加速度较快引起的，2008年进口额最大。据统计，2003年黑龙江省从国外进口原木达49639万美元，相当于500万$m^3$的木材产量，而同期黑龙江国有林区的木材产量只有608.76万$m^3$，2008年黑龙江省从国外进口原木达116465万美元，相当于880万$m^3$的木材产量，而同期黑龙江国有林区的木材产量只有653.07万$m^3$，原木的进口大大的缓解了国内木材供给的紧张局面。

**表 4-4　东北内蒙古国有林区历年锯材产量($m^3$)**

| 年份 | 黑龙江国有林区 | 吉林国有林区 | 内蒙古国有林区 | 总计 |
|---|---|---|---|---|
| 1988 | 1284223 | 800473 | 30005 | 2114701 |
| 1989 | 1334424 | 782966 | 218913 | 2336303 |
| 1990 | 1089032 | 648036 | 209663 | 1946730 |
| 1991 | 859840 | 538590 | 158728 | 1557158 |
| 1992 | 598248 | 378175 | 191163 | 1167586 |
| 1993 | 394497 | 312200 | 50559 | 757256 |
| 1994 | 265381 | 321602 | 54201 | 641184 |
| 1995 | 256073 | 257093 | 180257 | 693423 |
| 1996 | 168336 | 744417 | 148536 | 1061289 |
| 1997 | 343945 | 288168 | 91320 | 723433 |
| 1998 | 321709 | 164328 | 104183 | 590220 |
| 1999 | 274773 | 206090 | 54534 | 535397 |
| 2000 | 221535 | 189916 | 46903 | 458354 |
| 2001 | 155568 | 163044 | 29413 | 348025 |
| 2002 | 156570 | 149808 | 23340 | 329718 |
| 2003 | 224805 | 140437 | 25485 | 390727 |
| 2004 | 469038 | 107756 | 18707 | 595501 |
| 2005 | 643747 | 140147 | 15165 | 799059 |
| 2006 | 571850 | 73724 | 8257 | 653831 |
| 2007 | 535543 | 59785 | 7001 | 602329 |
| 2008 | 721191 | 49961 | 9310 | 780462 |
| 2009 | 719680 | 43311 | 0 | 762991 |
| 2010 | 625884 | 56444 | 0 | 682328 |

资料来源：根据《全国林业统计资料》、《中国林业统计资料》、《中国林业统计年鉴》数据整理得出。

由于新中国成立初期森林资源较为丰富，忽略了资源利用率的提高，木片产业起步较晚，由于木材采伐量的大幅减少，迫使要提高森林资源的利用率，1992 年后东北内蒙古国有林区木片生产规模扩大较快，而后又有所降低，见表 4-5。1992 年产量为 369095 $m^3$，之后的十年变化不大，2002 年为 388561 $m^3$，2003 年产量大幅增加，增至 1047645 $m^3$，2003 年后又逐年降低，2010 年为 542425 $m^3$，较 1992 年有所增加，增幅为 46.96%，这与原木及锯材的进口量的增加有一定的关系。

表 4-5 东北内蒙古国有林区历年木片产量( $m^3$ )

| 年份 | 黑龙江国有林区 | 吉林国有林区 | 内蒙古国有林区 | 总计 |
|---|---|---|---|---|
| 1992 | 267381 | 67868 | 33846 | 369095 |
| 1993 | 285976 | 63402 | 19219 | 368597 |
| 1994 | 320572 | 69167 | 35656 | 425395 |
| 1995 | 333816 | 105254 | 43293 | 482363 |
| 1996 | 338863 | 85246 | 18473 | 442582 |
| 1997 | 272453 | 50323 | 15880 | 338656 |
| 1998 | 357339 | 55639 | 12550 | 425528 |
| 1999 | 615661 | 104507 | 29624 | 749792 |
| 2000 | 305829 | 149240 | 874 | 455943 |
| 2001 | 393426 | 92547 | 1504 | 487477 |
| 2002 | 289834 | 97953 | 774 | 388561 |
| 2003 | 921889 | 107726 | 18030 | 1047645 |
| 2004 | 819384 | 118487 | 48205 | 986076 |
| 2005 | 688953 | 110014 | 37229 | 836196 |
| 2006 | 551221 | 32868 | 29459 | 613548 |
| 2007 | 626798 | 52935 | 57825 | 737558 |
| 2008 | 569855 | 54187 | 48469 | 672511 |
| 2009 | 457352 | 41498 | 0 | 498850 |
| 2010 | 516400 | 26025 | 0 | 542425 |

资料来源：根据《全国林业统计资料》、《中国林业统计资料》、《中国林业统计年鉴》数据整理得出。

#### 4.1.2.2 人造板加工

人造板材有胶合板、纤维板、刨花板、细木工板以及装饰型人造板等几个品种。由于国家天保工程及森林资源采伐限额制度实施，木材产量大大减少，这为人造板产业的发展带来了机遇，由于高新技术在人造板的生产中的应用及人们对人造板需求的增加，人造板的产业的规模扩张较快，特别是进入 21 世纪的 10 余年来，见表 4-6。从 1987 年至 2010 年期间，人造板产量呈稳步上涨趋势，产量从 1988 年的 25.63 万 $m^3$ 增加到 2010 年的 119.17 万 $m^3$，增加了 93.54 万 $m^3$，年均增加幅度为 7.23%；2008 年人造板产量达到最高为 138.59 万 $m^3$。2000 年产量为 62.29 万 $m^3$，2010 年的 119.17 万 $m^3$，10 年间产量增加了 56.88 万 $m^3$，而 1988 年至 2000 年 12 年间产量增加了 36.66 万 $m^3$，前者是后者的 1.55 倍。

**表 4-6 东北内蒙古国有林区历年人造板产量($m^3$)**

| 年份 | 黑龙江国有林区 | 吉林国有林区 | 内蒙古国有林区 | 总计 |
|---|---|---|---|---|
| 1988 | 118316 | 106799 | 31154 | 256269 |
| 1989 | 114303 | 100906 | 44879 | 260088 |
| 1990 | 117807 | 132311 | 48053 | 298170 |
| 1991 | 121312 | 163714 | 51227 | 336254 |
| 1992 | 124816 | 195119 | 54401 | 374336 |
| 1993 | 189879 | 247790 | 83239 | 520908 |
| 1994 | 165316 | 212720 | 86552 | 464588 |
| 1995 | 188786 | 216800 | 87371 | 492957 |
| 1996 | 214826 | 247223 | 88814 | 550863 |
| 1997 | 170047 | 302422 | 90028 | 562497 |
| 1998 | 162762 | 302380 | 81560 | 546702 |
| 1999 | 193855 | 237553 | 87124 | 518532 |
| 2000 | 225389 | 247963 | 149543 | 622895 |
| 2001 | 295608 | 292945 | 149062 | 737615 |
| 2002 | 216291 | 351354 | 142758 | 710403 |
| 2003 | 146396 | 263859 | 59936 | 470191 |
| 2004 | 557459 | 385223 | 66369 | 1009051 |
| 2005 | 534344 | 340508 | 25716 | 900568 |
| 2006 | 592306 | 311052 | 27646 | 931004 |
| 2007 | 684396 | 288744 | 31540 | 1004680 |
| 2008 | 870716 | 218075 | 297137 | 1385928 |
| 2009 | 930506 | 218491 | 0 | 1148997 |
| 2010 | 988044 | 203631 | 0 | 1191675 |

资料来源：根据《全国林业统计资料》、《中国林业统计资料》、《中国林业统计年鉴》数据整理得出。

### 4.1.2.3 家具及木地板加工

国内外对家具的需求不断增加，为林区家具产业提供了较大的发展空间，木质家具制造业发展速度较快，产品质量逐渐提高、性能逐渐改进。近几年发展速度较快主要是由于一些胶合板生产企业调整产业结构、提高产业层次、延长木材加工产业链，将最终产品从胶合板延伸为家具，同时努力提高产品质量，积极拓展国内、外市场。据统计，黑龙江省的家具出口近几年连年增加，在林产品出口中所占比重的已家具出口额产值达到 50%。家具制造业的产值如附表 9，从 1994 年的 7903 万元增至 2010 年的 92268 万元，年均增幅为 16.60%；特别是从 2000 年之后，发展产值稳步增加，至2010年产值是2000年的4倍。

木地板种类有实木地板、实木复合地板、强化木地板等。木地板产量经历了先增长后下降的过程，见表4-7。木地板产量自1992年至2003年变化不是很大，1992年为226.25万$m^2$，2003年259.80万$m^2$，增加了33.55万$m^2$，年均增加幅度只有1.26%；2004年产量达到最高，为407.86万$m^2$，较2003年增加了57%，而后木地板产量又有所减少，特别是2008年和2009年，2009年产量只有62.27万$m^2$，主要是由于吉林和内蒙古产量急剧减少所致，2010年产量又有所回升，增至261.88万$m^2$。

**表4-7　东北内蒙古国有林区历年木地板产量($m^2$)**

| 年份 | 黑龙江国有林区 | 吉林国有林区 | 内蒙古国有林区 | 总计 |
| --- | --- | --- | --- | --- |
| 1992 | 1841669 | 407653 | 13216 | 2262538 |
| 1993 | 1219857 | 530162 | 137097 | 1887116 |
| 1994 | 1316512 | 252093 | 282508 | 1851113 |
| 1995 | 1441831 | 178394 | 474335 | 2094560 |
| 1996 | 947462 | 710595 | 375462 | 2033519 |
| 1997 | 1893349 | 549736 | 388462 | 2831547 |
| 1998 | 1468510 | 1004455 | 237380 | 2710345 |
| 1999 | 1088462 | 1218438 | 142805 | 2449705 |
| 2000 | 843296 | 1700262 | 41035 | 2584593 |
| 2001 | 769160 | 1818206 | 39238 | 2626604 |
| 2002 | 714812 | 1829864 | 442 | 2545118 |
| 2003 | 580170 | 2016266 | 1580 | 2598016 |
| 2004 | 1339224 | 2739411 | 0 | 4078635 |
| 2005 | 536789 | 3390551 | 5942 | 3933282 |
| 2006 | 583624 | 2934812 | 7830 | 3526266 |
| 2007 | 213756 | 3207433 | 2726 | 3423915 |
| 2008 | 1482452 | 335359 | 0 | 1817811 |
| 2009 | 581240 | 41498 | 0 | 622738 |
| 2010 | 1362203 | 1256563 | 0 | 2618766 |

资料来源：根据《全国林业统计资料》、《中国林业统计资料》、《中国林业统计年鉴》数据整理得出。

#### 4.1.2.4　卫生筷子加工

卫生筷子产量从1999年至2009年间发展速度较快，特别是黑龙江国有林区产量增加幅度较大，产量远高于吉林和内蒙古国有林区，见表4-8。1999年产量只有121646标准箱，2000年就达到了1815203标准箱，且从2000年后产量持续稳步增加 ，至2009年达到3402566标准箱，较2000年增加了近1倍，主要是由于人们生活节奏的加快，加大了对快餐的需求，从而大大增加了对卫生筷子的需求，但2010年产量有所下降，产量为2712761标准箱，较2009年下降了20.27个百分点。

**表4-8　东北内蒙古国有林区历年卫生筷子产量(标准箱)**

| 年份 | 黑龙江国有林区 | 吉林国有林区 | 内蒙古国有林区 | 总计 |
|---|---|---|---|---|
| 1999 | 47890 | 44264 | 29492 | 121646 |
| 2000 | 1134129 | 299686 | 381388 | 1815203 |
| 2001 | 1249707 | 317248 | 414622 | 1981577 |
| 2002 | 926474 | 247284 | 481911 | 1655669 |
| 2003 | 1241733 | 314254 | 622094 | 2178081 |
| 2004 | 2780490 | 278457 | 607298 | 3666245 |
| 2005 | 2487618 | 213020 | 585421 | 3286059 |
| 2006 | 2971860 | 124511 | 481398 | 3577769 |
| 2007 | 2308333 | 29965 | 333404 | 2671702 |
| 2008 | 3209042 | 27241 | 302643 | 3538926 |
| 2009 | 3322636 | 79930 | 0 | 3402566 |
| 2010 | 2623597 | 89164 | 0 | 2712761 |

资料来源：根据《全国林业统计资料》、《中国林业统计资料》、《中国林业统计年鉴》数据整理得出。

#### 4.1.2.5　造纸及林化产品生产

造纸业产值经历了先增加后减少过程，2007年产值达到最大，如附表10。产值在2003年之前产值波动较大，2003年至2007年增长速度较快，且较平稳，从27781万元，增至65132万元，增加2倍多，但从2007年产值下降速度很快，至2009年产值为15458万元，2010年产值为4248万元，较2007年大幅降低。可见，造纸业的发展较为不平稳。

林化产品加工业产值的增长较为平稳，增长速度也较快。从20世纪80年代以来除个别年份有所较少外，其余年份都保持着较好的增长，特别是近几年发展速度较快，2010年产值达48352万元，如附表11。

### 4.1.3　林业第三产业规模演进历程

林业旅游与休闲服务在20世纪90年代发展速度极为缓慢，1999年后发展速度较快，森林公园个数及面积、旅游人次增长速度都较快，见表4-9至表4-11。森林公园总面积由1999年的80.18万公顷，增至

2010 年的 194. 93 万公顷，年均增幅达 8. 41%，旅游接待人数由 1999 年的 16. 49 万人次，增至 2010 年的 278 万人次，年均增幅达 29. 28%，特别是近 3 年林业旅游与休闲服务业的规模扩大较快，2008 年旅游接待人数突破了 200 万人次。

**表 4-9 东北内蒙古国有林区历年森林公园数(处)**

| 年份 | 黑龙江国有林区 | 吉林国有林区 | 内蒙古国有林区 | 总计 |
|---|---|---|---|---|
| 2003 | 40 | 2 | 6 | 48 |
| 2004 | 40 | 2 | 8 | 50 |
| 2005 | 42 | 2 | 8 | 52 |
| 2006 | 42 | 2 | 8 | 52 |
| 2007 | 42 | 2 | 8 | 52 |
| 2008 | 43 | 5 | 8 | 56 |
| 2009 | 42 | 8 | 8 | 58 |
| 2010 | 43 | 8 | 8 | 59 |

资料来源：根据《全国林业统计资料》、《中国林业统计资料》、《中国林业统计年鉴》数据整理得出。

**表 4-10 东北内蒙古国有林区历年森林公园总面积($hm^2$)**

| 年份 | 黑龙江国有林区 | 吉林国有林区 | 内蒙古国有林区 | 总计 |
|---|---|---|---|---|
| 1999 | 169433 | 53461 | 578902 | 801796 |
| 2000 | 168433 | 53461 | 704132 | 926026 |
| 2001 | 968910 | 53461 | 720022 | 1742393 |
| 2002 | 1276774. 7 | 53461 | 720022 | 2050258 |
| 2003 | 1431492. 9 | 53461 | 759445 | 2244399 |
| 2004 | 1434818. 3 | 54361 | 400927 | 1890106 |
| 2005 | 1437812. 9 | 54361 | 400927 | 1893101 |
| 2006 | 1466459 | 54361 | 400927 | 1921747 |
| 2007 | 1466459 | 54361 | 400927 | 1921747 |
| 2008 | 1467992 | 72830 | 400927 | 1941749 |
| 2009 | 1454032 | 89773 | 400927 | 1944732 |
| 2010 | 1458632 | 89773 | 400927 | 1949332 |

资料来源：根据《全国林业统计资料》、《中国林业统计资料》、《中国林业统计年鉴》数据整理得出。

**表 4-11 东北内蒙古国有林区历年旅游接待人数(万人次)**

| 年份 | 黑龙江国有林区 | 吉林国有林区 | 内蒙古国有林区 | 总计 |
|---|---|---|---|---|
| 1999 | 6.72 | 4.87 | 4.9 | 16.49 |
| 2000 | 9.52 | 3.08 | 3.3 | 15.9 |
| 2001 | 6.23 | 3.67 | 5.65 | 15.55 |
| 2002 | 82.78 | 3.86 | 6.41 | 93.05 |
| 2003 | 116.09 | 4.06 | 5.07 | 125.22 |
| 2004 | 94.49 | 5.98 | 10.08 | 110.55 |
| 2005 | 123.53 | 6.02 | 14.5 | 144.05 |
| 2006 | 103.26 | 6.18 | 16.19 | 125.63 |
| 2007 | 142 | 7 | 24 | 173 |
| 2008 | 168 | 34.6 | 26 | 228.6 |
| 2009 | 183 | 55.8 | 29 | 267.8 |
| 2010 | 223 | 24 | 31 | 278 |

资料来源：根据《全国林业统计资料》、《中国林业统计资料》、《中国林业统计年鉴》数据整理得出。

由以上分析可知，第一产业中的森林资源培育业、经济林产品的种植与采集和野生动植物繁育与利用等多种经营的产出规模扩张较快，而木材采运业产出规模逐步缩小；第二产业中的锯材产出规模缩小、木片产出规模线扩张后缩小，人造板、家具、各种木制品及林化产品的产出规模扩张较快；第三产业中的林业旅游与休闲服务业的产出规模自1999年后扩张迅速。

## 4.2 产业结构演进历程

林业产业结构是指林业三大产业间及产业内部各亚产业之间的相互联系和数量比例关系。以下将从林业产业间及产业内部两方面论述林业产业结构。

需要说明的是，各产业及亚产业产值所占比重均依据文后附表数据计算得出。

### 4.2.1 林业产业间结构

产业间产值比较，反映了产业间产业结构变化或者结构高度化的程度，表明产业升级的速度。图4-1为东北内蒙古国有林区自1987～2010年林业三次产业比重的变化图。由图4-1可看出：

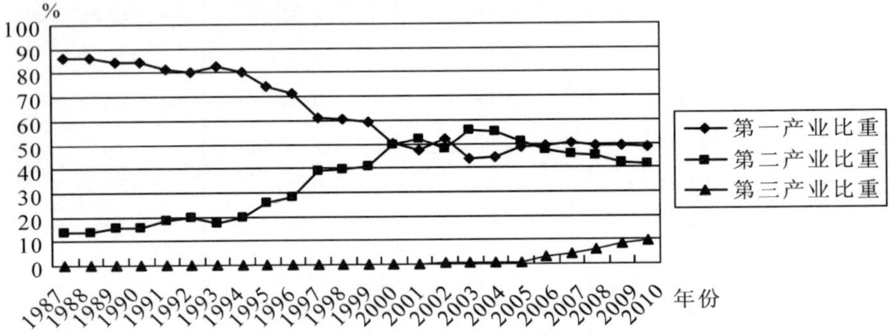


**图4-1 林业三次产业比重变化图**

（1）产业结构逐渐趋于合理。第一产业由1987年的86.01%降至2010年的48.67%，1994～2001年期间下降速度较快，7年间共下降了33.28%；第二产业由1987年的13.98%增至2010年的41.53%，1994～2001年期间增长速度较快，7年间共增加了32.48%；第三产业由1987年的0.01%增至2010年的9.80%，且最近几年增长较快，说明森林旅游业表现出了强劲的增长势头。可见，第一产业的比重总体呈减小趋势，第二产业的比重总体呈增加趋势，第三产业的比重略有上升，符合产业结构演进的规律，表明东北内蒙古国有林区的林业产业结构正在逐步趋向合理化。

（2）产业结构仍需进一步优化。自1987～2000年林业第一产业所占比重大于第二、第三产业所占比重，处于主导地位，第一产业成为东北内蒙古国有林区林业的支柱产业；2001年林业第二产业的比重首次超过了第一产业，而后2003～2005年第一产业的比重也略显优势，但2005年后的近几年第一产业的比重仍然占有优势，但与第二产业之间的差距正在渐渐缩小，第二产业在天保工程实施后表现出了较好的增长势头，可作为林区的主导产业来培育；林业第三产业比重有所提高，但是所占比重依然很小，2010年仅为9.80%。可见，林区林业第三产业依然不发达。这说明东北内蒙古国有林区的林业产业结构虽然正在不断优化，但仍需在注重第一产业基础作用的前提下，大力发展第二、三产业，带动林区社会经济的繁荣。

（3）同全国比较第二产业无优势、第三产业优势不明显。2010 年我国林业产业间结构为 39.19%∶52.90%∶7.91%，同期东北内蒙古国有林区林业产业间结构为 48.67%∶41.53%∶9.80%；与全国林业产业相比，东北内蒙古国有林区林业第一产业比重较高，高出 9.48 个百分点，而第二产业比重不突出，低于全国 11.37 个百分点，林业第三产业比全国高于 1.89 个百分点。这说明东北内蒙古国有林区林业产业结构仍需进一步优化，不断提高第二产业比重。

### 4.2.2　林业产业内亚产业结构

林业产业内亚产业结构即林业各亚产业之间的相互联系和数量比例关系，即林业第一、二、三产业内部的比例结构。

#### 4.2.2.1　第一产业内亚产业结构

林业第一产业内部亚产业主要有林木培育与种植业、木材采运业、经济林产品种植与采集业、陆生野生动物繁育与利用业、花卉种植业，以下将分析它们之间的数量比例关系，如图 4-2。

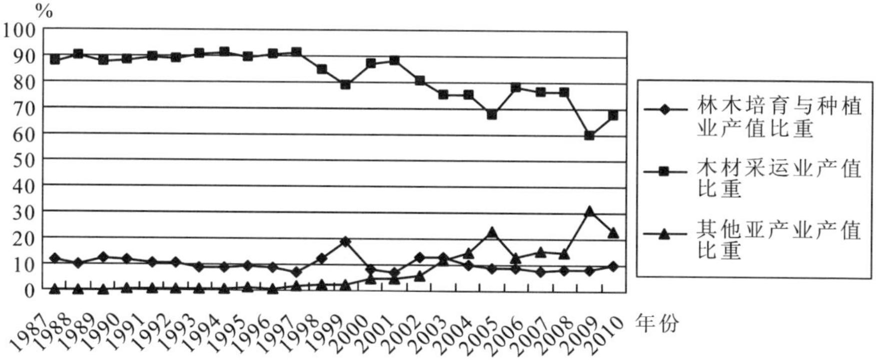


**图 4-2　林业第一产业内亚产业结构变化图**

（1）木材采运业产值比重明显下降，其余亚产业产值比重有所上升。木材采运业总体呈下降趋势，1997 年前木材采运业的比重都在 90% 附近浮动，1998 年比重大幅下降，由 1997 年的 91.08% 下降至 84.83%，下降了6.25个百分点，2009年较2008年下降幅度高达16.60个百分点，比重降为60.11%，而后2010年比重又有所上升，1998年之后比重呈波动式下降，主要原因是由于天保工程的实施，大幅调减木材产量所致；林木的培育与种植业所占的比重变化不大，除1999年较1998年增加了6.16个百分点外，其余年度变化不大，增长速度都在10%上下浮动；图4-2"其他"主要包括经济林产品的种植与采集业、陆生野生动物繁育与利用业、花卉种植业，可以看出"其他"产业总体上呈上涨趋势，1997年之前，经济林产品的种植与采集业、陆生野生动物繁育与利用业、花卉种植业在第一产业中的比重较小，还不到1%，1997年比重才有所上升，增至2.01%，且逐年稳步增加，特别是2003年比重增至11.68%，2009年增至31.46%。这说明在木材采运业生产逐年萎缩的同时，经济林产品的种植与采集业、陆生野生动物繁育与利用业、花卉种植业等产业得到了较快的发展，且发展势头强劲，特别是经济林产品的种植与采集业近两年来在林业第一产业中所占的比重都在18%以上。

(2)林业第一产业各亚产业间发展极不平衡，比例严重失调。1987年木材采运业的比重是林木的培育与种植业7.3倍，是"其他"产业的300多倍，之后差距有所减小，2010年木材采运业的比重是林木的培育与种植业6.94倍，是"其他"产业的2.96倍。这说明木材采运业在第一产业仍然占主导地位，应逐渐改变现有结构，大力发展林木的培育与种植业，扩大资源存量，改善资源结构，满足林业建设的生态需求及产业需求；另外，还应进一步发展经济林产品的种植与采集业、陆生野生动物繁育与利用业、花卉种植业等产业，实现林区的多种经营，繁荣林区经济。

#### 4.2.2.2 第二产业内亚产业结构

由表2-1可知，林业第二产业主要包括木材加工业、造纸业、林产化学产品制造业及非木质林产品加工业。木材加工业又可具体划分为锯材木片加工业、人造板制造业、木制品制造业、家具制造业等，木材加工业产值在林业第二产业中所占的比重较大，是林业第二产业的支柱产业，如图4-3，木材加工业产值所占比例围绕80%上下浮动，最小的年份为2005年，所占比重为71.06%，最大年份为2000年，比重为88.49%，因此，将木材加工业作为研究重点，将具体分析锯材木片加工业、人造板制造业、木制品制造业、家具制造业的数量比例关系。

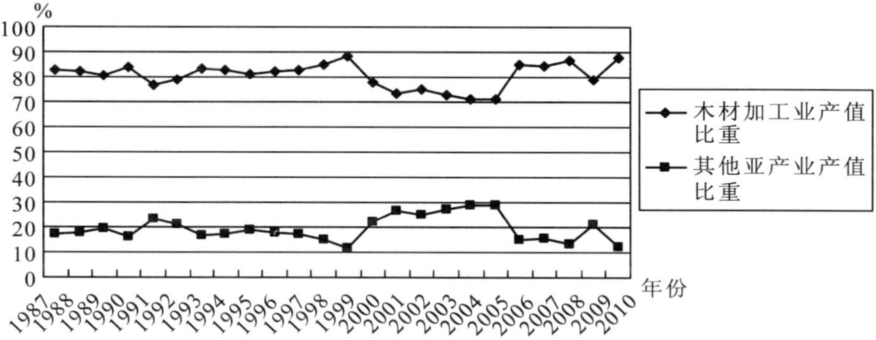


**图 4-3　林业第二产业内亚产业结构变化图**

较完整的木材加工业的数据资料从 1997 年才开始统计，下文将分析 1997 ~2010 年的木材加工业的结构情况。图 4-4 为 1997 ~2010 年的锯材木片加工业、人造板制造业、木制品制造业、家具制造业产值比重的变化情况，由图 4-4 可以看出：木制品制造业所占比重较大，位居第一，历年来都在 40% 以上，且变化不大，说明木制品制造业在木材加工业中占有主导地位；人造板制造业所占比重位居第二，且变化较为不稳定，时高时低；锯材木片加工业所占比重位居第三，且大体呈下降趋势，1999 ~2006 年下降较为明显，2007 年后比重又稍有上涨；家具制造业所占比重位居第四，但发展速度较快，所占比重稳步增长，由 1997 年的 2. 45% 上升至 2010 年的 9. 19% 。由此可见，锯材木片初级产品加工业所占比重有下降趋势，而高附加值、高加工度的家具产品加工业比重有上升趋势，符合产业结构演进的规律。

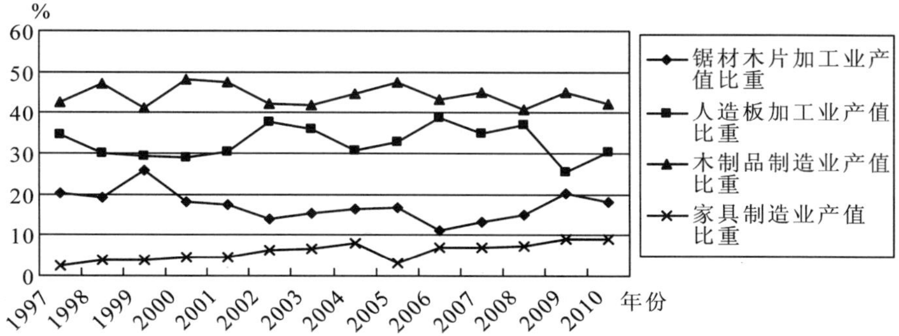


**图 4-4　木材加工业结构变化图**

#### 4.2.2.3 第三产业内亚产业结构

林业第三产业包括林业旅游与休闲服务业、林业生态服务业、林业专业技术服务业和林业公共管理及其他组织服务业；林业旅游与休闲服务业在第三产业中所占的比重较大，如图 4-5。

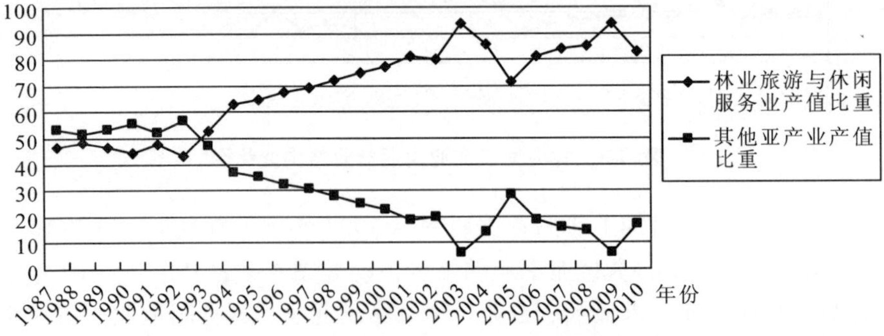


**图 4-5 林业第三产业内亚产业结构变化图**

林业旅游与休闲服务业所占比重呈上升趋势，由 1987 年的 46.51% 上升至 2010 年的 83.17%，上升了 36.66 个百分点，特别是在 1998 年后林业旅游与休闲服务业发展较快，林业旅游与休闲服务业表现出较强的增长势头，是林业的一个新兴产业部门，截至 2010 年，东北内蒙古国有林区共有国家级和省级森林公园 59 处，森林公园总面积 194.93 万 $hm^2$，只是森林公园接待人次就达 278 万人次，随着人们对生态产品需求的增加，林业旅游与休闲服务业还将进一步发展。

## 4.3 产业组织演进历程

在第 2 章基础理论部分阐述了可从产业规模的视角和产业组织的视角对林业产业演进阶段进行测度，而从产业组织的视角常运用市场集中度、进入壁垒与退出壁垒等市场结构指标，以及其他市场行为与绩效指标来对林业产业的成长阶段进行划分，但由于产业集中度等指标的计算需要 84 个森工企业较为具体的统计数据，而关于林业产业及亚产业分企业的较为具体数据从 2003 年才有所统计，这样时间序列的长度就较短，2003～2010 年共计 8 年的时间不能够足以反映林业产业演进的规律，因此，本书不能从产业组织的角度来较准确识别林业产业演进所处的阶段，只能是从产业规模的视角进行测度，详见第 5 章。虽然不能通过较长的时间序列统计数据从产业组织视角测度林业产业演进所处的阶段，但有必要在本章分析一下 2003～2010 年东北内蒙古国有林区林业产业组织的演化情况，以使更加全面清晰地了解林业产业的组织情况。

林业产业组织是指林业产业内企业间的市场关系，而市场关系又可分为竞争关系和垄断关系，因此，林业产业组织主要是研究林业产业内部各林业企业间的竞争与垄断关系；根据竞争与垄断成都的不同又可将市场划分为完全竞争、完全垄断、寡头垄断、垄断竞争 4 种市场结构，而产业组织学主流学派“哈佛学派”的 SCP 分析框架认为，市场结构决定市场行为，市场行为最终决定市场绩效，要想获得较好的市场绩效，可通过产业组织政策直接的作用于市场结构[79]。下文将对东北内蒙古国有林区林业产业市场结构、市场行为、市场绩效变化进行分析。

### 4.3.1　市场结构的演变

#### 4.3.1.1　市场集中度

市场集中度是用于表示在特定产业或市场中，卖者或买者具有怎样的相对的规模结构的指标，常用的衡量指标有产业集中度、赫歇曼—赫芬达尔指数 HHI、勒纳指数、贝恩指数等，最为常用的是产业集中度和赫歇曼—赫芬达尔指数 HHI，产业集中度应用更为广泛，本书将用此指标分析林区市场结构。

产业集中度是指行业内规模最大的前几位企业的有关数值 $X$（可以是产值、产量、销售额、销售量、职工人数、资产总额等）占整个市场或行业的份额。计算公式如下：

$$CR_n = \sum_{i=1}^{n} X_i / \sum_{i=1}^{N} X_i$$

贝恩根据 $CR_4$ 及 $CR_8$ 值的大小将市场结构划分为以下 6 种类型，见表 4-12。

**表 4-12 贝恩市场结构的划分**

| 类型 | $CR_4$(%) | $CR_8$(%) |
|---|---|---|
| 极高寡占型 | $75\leqslant CR_4$ | |
| 高度集中寡占型 | $65\leqslant CR_4<75$ | $85\leqslant CR_8$ |
| 中(上)集中寡占型 | $50\leqslant CR_4<65$ | $75\leqslant CR_8<85$ |
| 中(下)集中寡占型 | $35\leqslant CR_4<50$ | $45\leqslant CR_8<75$ |
| 低集中寡占型 | $30\leqslant CR_4<35$ | $40\leqslant CR_8<45$ |
| 原子型(竞争型) | $CR_4<30$ | $CR_8<40$ |

本书以 84 个森工企业为研究对象分析 2003 ~2010 年东北内蒙古国有林区林业产业的产业集中度，重点分析第一产业中的林木培育与种植业、木材采运业及经济林产品的种植与采集业、第二产业中的锯材木片加工业、人造板制造业、木制品制造业及家具制造业、第三产业中的林业旅游与休闲服务业，依据东北内蒙古国有林区 84 个森工企业各亚产业产值或产量所占的比重，计算得出各亚产业集中度($CR_4$)见表 4-13。

由贝恩关于市场结构划分标准可知林木培育与种植业、木材采运业及木制品制造业 $CR_4$一直都在 30% 以下，属于分散竞争型的市场结构，经济林产品的种植与采集业 $CR_4$由 30% 以下演变为 30% 以上，产业集中度在不断提高，市场结构由分散竞争型逐渐向低集中寡占型转变；锯材木片加工业 $CR_4$由 30% 以上演变为 30% 以下，市场集中度在不断降低，市场结构逐渐由低集中寡占型向分散竞争型转变；人造板制造业 $CR_4$一直都在 35% 以上 50% 以下，属于中(下)集中寡占型市场结构；家具制造业 $CR_4$基本上在 65% 以上 75% 以下，属于高集中寡占型市场结构；林业旅游与休闲服务业 $CR_4$基本上在 35% 以上 50% 以下，属于中(下)集中寡占型市场结构。

林木培育与种植业、木材采运业大多属于国有经济，林木的培育、种植、采伐由林业局代理国家经营和管理，资源配置仍属于政府主导型，林业企业并未真正参与市场竞争，分散竞争格局形成是国家干预的结果，而非市场经济竞争机制的作用结果。而其他林业亚产业市场结构的形成则是市场竞争的结果，能够真正反映市场“优胜劣汰”的竞争准则，家具制造业高寡占型市场结构形成就是“优胜劣汰”的结果，而林产工业和林业旅游与休闲服务业中除家具制造业市场结构属于高集中寡占型外，其余亚产业的市场集中程度都较低，市场较为分散，主要表现为企业生产规模较小，前几位企业市场份额较小，是市场上价格的接受者，而非制定者。另外，中国林产品市场供给不足，在消费需求的拉动下及资本追逐利润的驱动下，生产要素大量涌入、投资快速增长，企业数目明显增加，因而，形成了资源分散配置的低集中度局面。

#### 4.3.1.2　产品的差异化程度

产品的差异化程度越大，顾客忠诚度越高，企业就更容易获得竞争优势。对林产品来讲，通过改善产品质量、外观、性能、价格、广告、品牌、服务等手段[80]，林产品的差异化是能够实现的。但林产品多种多样，诸如木材、经济林产品具有直接取自于自然的特征，产品的差异性必然要小，而对于一些加工产品，可以通过产品差异化手段提高产品差异化程度，而东北内蒙古国有林区 84 个林业企业林产品的产异化程度较低，锯材、人造板、木制品等林产品存在着严重的雷同现象，生产线的规模、产品的结构、质量极其相似。84 个林业企业具有相似的历史背景、近似的经济制度、相近的经营管理方法及技术水平，并且地理位置偏远，远离我国的林产品市场，致使这 84 个林业企业林产品在研发、生产、销售环节具有较高的相似性。

#### 4.3.1.3　进入、退出壁垒

经济体制改革前，林业局的林产工业基本上都是国有，由林业局代理国家对企业进行经营与管理，林产加工企业的进入与退出不是由市场决定的，而是由国家的行政命令所决定的，因此，对民间资本的进入设置了体制上的壁垒，且进入壁垒程度较高；而对于那些经营效率低、盈利效果差的林产加工企业的退出也是由国家决定的，此时的退出壁垒则

**表 4-13　2003～2010 年东北内蒙古**

| 年份 | 林木培育与种植业 | | 木材采运业 | | 经济林产品种植与采集业 | | 锯材木片加工业 | |
|---|---|---|---|---|---|---|---|---|
| | $CR_4$ | 企业名称 | $CR_4$ | 企业名称 | $CR_4$ | 企业名称 | $CR_4$ | 企业名称 |
| 2003 | 18.01 | 弯沟、天桥岭、甘河、红石 | 11.55 | 新林、松岭、根河、十八站 | 20.64 | 清河、朗乡、穆棱、桦南 | 30.14 | 新青、十八站、带岭、红石 |
| 2004 | 15.36 | 弯沟、伊图里河、甘河、阿尔山 | 14.27 | 金河、根河、新林、松岭 | 23.47 | 白石山、亚布力、东方红、五营 | 31.83 | 新青、带岭、十八站、红石 |
| 2005 | 16.12 | 弯沟、阿尔山、泉阳、根河 | 12.42 | 十八站、新林、韩家园、莫尔道嘎 | 33.83 | 苇河、亚布力、东方红、清河 | 33.22 | 带岭、铁力、十八站、美溪 |
| 2006 | 13.05 | 图里河、伊图里河、库都尔、阿尔山 | 12.27 | 新林、十八站、根河、莫尔道嘎 | 23.35 | 东方红、朗乡、清河、五营 | 32.96 | 带岭、十八站、新青、美溪 |
| 2007 | 13.46 | 阿尔山、伊图里河、甘河、十八站 | 13.64 | 乌尔其汉、十八站、新林、根河 | 29.69 | 松岭、清河、穆棱、东方红 | 31.35 | 带岭、新青、十八站、清河 |
| 2008 | 28.39 | 克一河、白河、库都尔、根河 | 14.44 | 十八站、松岭、新林、韩家园 | 28.25 | 穆棱、清河、红石、呼中 | 28.44 | 带岭、十八站、西林吉、清河 |
| 2009 | 12.22 | 松江河、三岔子、库都尔、白河 | 11.92 | 新林、十八站、松岭、莫尔道嘎 | 32.06 | 新林、清河、穆棱、亚布力 | 27.08 | 带岭、松岭、上甘岭、东方红 |
| 2010 | 11.19 | 阿里河、三岔子、根河、松江河 | 11.23 | 十八站、松岭、莫尔道嘎、西林吉 | 30.16 | 新林、清河、穆棱、呼中 | 22.79 | 带岭、西林吉、松岭、清河 |

数据来源：根据《2003～2010 年中国林业统计年鉴》数据整理得出。

**国有林区林业各亚产业集中度 （%）**

| 人造板制造业 | | 木制品制造业 | | 家具制造业 | | 林业旅游与休闲服务业 | |
|---|---|---|---|---|---|---|---|
| CR4 | 企业名称 | CR4 | 企业名称 | CR4 | 企业名称 | CR4 | 企业名称 |
| 39.69 | 白河、临江、红石、和龙 | 24.68 | 敦化、汤旺河、乌马河、红星 | 70.33 | 双丰、友好、金山屯、敦化 | — | — |
| 35.06 | 朗乡、汤旺河、白河、和龙 | 29.34 | 敦化、汤旺河、西林吉、乌马河 | 64.47 | 双丰、友好、敦化、金山屯 | — | — |
| 40.51 | 朗乡、汤旺河、白河、和龙 | 26.77 | 敦化、汤旺河、海林、西林吉 | 66.51 | 新青、南岔、敦化、翠峦 | — | — |
| 42.94 | 朗乡、汤旺河、和龙、白河 | 24.61 | 敦化、汤旺河、海林、西林吉 | 66.26 | 双丰、友好、金山屯、敦化 | 46.29 | 金山屯、铁力、美溪、汤旺河 |
| 41.29 | 朗乡、汤旺河、白河、乌马河 | 26.07 | 汤旺河、敦化、油耗、珲春 | 76.65 | 双丰、金山屯、友好、新青 | 50.69 | 西林吉、白河、带岭、乌尔其汉 |
| 35.93 | 朗乡、汤旺河、根河、乌马河 | 21.99 | 汤旺河、海林、乌马河、翠峦 | 73.71 | 双丰、金山屯、友好、南岔 | 30.25 | 五营、西林吉、金山屯、汤旺河 |
| 40.48 | 朗乡、汤旺河、新林、乌马河 | 24.75 | 双丰、汤旺河、海林、乌马河 | 74.24 | 金山屯、南岔、友好、新青 | 38.21 | 五营、西林吉、金山屯、穆棱 |
| 38.81 | 朗乡、汤旺河、新林、乌马河 | 21.96 | 朗乡、海林、汤旺河、红星 | 65.71 | 双丰、金山屯、友好、南岔 | 35.32 | 五营、西林吉、金山屯、汤旺河 |

较低。自20世纪90年代后随着我国国有经济体制改革的推进，东北内蒙古国有林区国有林业企业也相继进行了体制改革，大量的国有企业通过转、兼、并等改制，由于林产工业的必要资本量的壁垒较低、产品的产异化程度较低、技术和专利的壁垒几乎不存在，且随着我国风险资本市场的不断发展，中小企业的融资成本不断下降、政府鼓励兴办和发展“短、平、快”项目[81]等原因，民间资本大量的进入，可以说，东北内蒙古国有林区林产工业进入壁垒较低。而对于现有企业，由于固定资产、技术及人力资源的资产专用型较高，通用性较差，退出时的沉没成本则较高，如设备、生产线等固定资产要想顺利的转移到其他产业，必须对其进行重新的必要的改造，从而增加了退出成本；劳动力向其他产业转移时就必须进行劳动力的再培训，劳动力的解雇关系到失业、医疗、养老等其他社会保障问题，无疑增加了劳动力的退出成本；由于林业市场体制的不健全、市场制度的缺失，使有意退出的林业企业在生产要素的转移、资产的变现等方面存在重重阻碍。因此，东北内蒙古国有林区林产工业的退出壁垒较高。

### 4.3.2 市场行为的演变

#### 4.3.2.1 竞争行为

竞争行为包括定价行为、广告行为和兼并行为，定价行为属于价格竞争行为，广告行为和兼并行为非价格竞争行为。

经济体制改革前，企业的生存与发展不是靠自己而是依赖政府，所以，企业关注的主要点是与主管部门之间的关系。林业企业形成了只管生产不管经营，只管眼前不顾长远，只对内不对外的非商品竞争的企业行为，林业企业之间不存在林产品的价格竞争行为、广告和调整非价格竞争行为。

自20世纪90年代后经济体制改革后，企业的市场行为发生了变化：

(1)定价行为。林产品价格逐渐由市场决定，加之林产加工业的进入壁垒较低，大量企业的进入使林产工业的产能在利益的驱动下逐渐扩大，众多规模小、集中度低、策略行为优势差的林产工业企业的理性选择必然是激烈的价格竞争。微观主体索取短期利润最大化价格的后果往往是林产品价格水平的偏低和企业产品创新和技术改造意识的弱化，形成较低的市场运行效果，从而制约了产业生命周期的演替发展[82]。

(2)广告行为。经济体制改革后，林产加工企业的广告行为非常不显著，大多数规模较小的林业企业账面没有广告投入这一项，更不必说企业品牌策略和多样化促销手段的运用，只有规模稍大的企业会有些广告费用的投入，但投入额占销售额的比例也较小。

(3)兼并行为。兼并行为又可分为政府主导型和市场主导型两种，政府主导型主要是在改革之时发挥主导作用，政府通过行政命令对效率低、经营效果差的国有企业通过重组、收购、转制民营、股份制改造、剥离移交、破产等方式对产业组织进行调整。如国家大型森工集团的吉林森工完成了对所属的金桥木业公司、露水河刨花板公司、吉林制材厂等816个国有企业改制[83]。而市场主导型的兼并行为主要在经济体制改革后发挥主导作用，林产工业企业通过市场机制以获得成本优势为目的的纵向一体化行为和以获得规模优势为目的的横向一体化行为，对促进林业产业组织优化和提高资源配置效率具有非常重要的现实意义，这种兼并行为是市场竞争的结果。目前，东北内蒙古国有林区林业产业存在着“企业规模小，产品趋同”的现象，规模经济效益非常不明显，具有主兼能力的大企业极少，也即林业产业组织的调整优化能力很弱，因此，优化林产工业组织的运行方式势在必行。

#### 4.3.2.2 协调行为

市场协调行为分为价格协调行为和非价格协调行为。价格协调是主要的协调行为，最基本的价格协调形式是卡特尔和价格领导制。卡特尔联盟在高度和极高寡占型的市场结构中常常出现，而东北内蒙古国有林区林业产业的集中度较低，大都属于分散竞争性和低度寡占型的市场结构，企业间的协调行为多为价格领导制。价格领导制有三种模式：主导企业领导定价模式、串谋领导定价模式、晴雨表式领导定价模式，对于东北内蒙古国有林区林业企业的实力差距不大，通常是晴雨表式领导定价模式常常出现，即企业之间的行为无法很好的协调，领导林产品价格的企业常常发生变换。

### 4.3.3 市场绩效的演变

市场绩效是指在一定的市场结构中，由一定的市场行为所形成的价格、产量、成本、利润、产品质量和品种以及技术进步等方面的最终经济成果。本书用全员劳动生产率、成本费用利润率、产品销售率作为衡量市场绩效的指标，见表4-14。

**表4-14 2003~2010年东北内蒙古国有林区林业企业市场绩效指标值**

| 年份 | 全员劳动生产率[元/(人·年)] | 成本费用利润率(%) | 产品销售率(%) |
|---|---|---|---|
| 2003 | 13239 | 3.77 | 102.41 |
| 2004 | 6250 | 6.07 | 94.59 |
| 2005 | 9206 | 7.31 | 91.78 |
| 2006 | 7588 | 13.39 | 97.33 |
| 2007 | 10568 | 12.8 | 90.97 |
| 2008 | 8502 | 12.92 | 81.92 |
| 2009 | 13795 | 14.86 | 92.43 |
| 2010 | 15048 | 10.49 | 88.17 |

数据来源：《2003~2010年中国林业统计年鉴》。

以上数据始于2003年，是在国有森工企业改制之后，与改制之前的不完全统计数据比较，各项指标值都有所增加，说明企业改革对市场绩效改善具有重要的贡献。2003年后，除产品的销售率有小幅下降外，其余两项指标值都有所增加，且增加幅度较大，说明随着人们需求的增加、经济体制改革的进一步推进东北内蒙古国有林区的林业产业的绩效有所提高，但较之国有经济的其他行业仍然较低，需要进一步的提高和完善。林业企业市场绩效较低的原因可归结为：

(1)企业生产规模偏小，没有形成规模效益。

(2)企业退出壁垒较高，由于受资产的专用性高、沉没成本高、社会保障因素和体制因素的影响，企业的退出成本较高，很多亏损林业企业不能正常退出市场。

(3)产品差异化程度低，价格竞争成为市场竞争的主要手段，技术落后，粗放式的生产方式占主导，资源配置低效。

(4)企业组织调整能力差，使得各林产工业企业孤军奋战，难以形成有影响力的大型企业集团和知名品牌，抗风险能力差，难以和国内同行业先进企业抗衡[84]。

## 4.4　产业布局演进历程

林业产业布局是指林业产业及其内部各亚产业在地域上的分布和组合，合理化是其演进方向，而产业集群又是产业布局合理化的重要标志，因为，产业集群能够提高区域产业竞争力、加强集群内企业间的有效合作、发挥资源的共享效应、促进区域经济的增长。在此将对东北内蒙古国有林区林业产业集群的演进历程进行分析。

产业集群演化是一个漫长的过程，由于区位条件、资源优势或要素享赋的差异，生产要素的聚合和布局一般要经历一个从低级到高级的发展过程，即从集聚到集群的过程，而对林业产业集聚水平的测度，是全面了解东北内蒙古国有林区林业产业布局情况的重要组成部分。在各种测度产业集聚水平的方法中，产业集中度是最简单、最常用的计算指标之一。根据贝恩对产业组织化程度或市场结构界定的研究，国内外许多学者提出基于行业集中度的产业集聚演进阶段的判定标准，见表4-15。

**表4-15　基于行业集中度的产业集聚演进阶段判定标准**

| 产业集群演进阶段 | 类型 | $CR_4$(%) | $CR_8$(%) |
|---|---|---|---|
| 成熟期 | 极高寡占型 | $75 \leqslant CR_4$ | $85 \leqslant CR_8$ |
| 起飞期 | 高中寡占型 | $35 < CR_4 \leqslant 75$ | $45 \leqslant CR_8 < 85$ |
| 成长期 | 低集中寡占型 | $30 \leqslant CR_4 < 35$ | $40 \leqslant CR_8 < 45$ |
| 形成期 | 原子型(竞争型) | $CR_4 < 30$ | $CR_8 < 40$ |

### 4.4.1　林业第一产业布局演进历程

根据表4-13和表4-15可以知，林木培育与种植业$CR_4$一直都在30%以下，属于分散竞争型的市场结构，基本没有产业集聚现象，排在前四位的企业大都分布在吉林森工集团和内蒙古森工集团。

木材采运业$CR_4$一直都在30%以下，属于分散竞争型的市场结构，基本没有产业集聚现象，排在前四位的企业大多分布在大兴安岭林业集团和内蒙古森工集团。

经济林产品的种植与采集业 $CR_4$ 由 30% 以下演变为 30% 以上，产业集中度在不断提高，市场结构由分散竞争型逐渐向低集中寡占型转变，可判断产业集群由形成期演变为成长期，排在前四位大都黑龙江森工集团的清河、东方红、穆棱林业局，也即在合江林管局和牡丹江林管局形成了产业集群。

### 4.4.2 林业第二产业布局演进历程

锯材木片加工业 $CR_4$ 由 30% 以上演变为 30% 以下，市场集中度在不断降低，市场结构属于分散竞争型，基本上不存在产业集聚，但排在前四位的企业大都分布在黑龙江森工集团，其次分布在大兴安岭林业集团。

人造板制造业 $CR_4$ 一直都在 35% 以上 50% 以下，属于中(下)集中寡占型市场结构，处于产业集群演进的起飞期，排在前四位的企业大都分布在黑龙江森工集团的伊春林管局和延边林业集团。可见，人造板制造业在此区域集聚程度较高。

木制品制造业 $CR_4$ 一直都在 30% 以下，属于分散竞争型的市场结构，基本没有产业集聚现象，排在前四位的企业大都分布在黑龙江的伊春林管局和吉林延边林业集团。

家具制造业 $CR_4$ 基本上在 65% 以上 75% 以下，属于高集中寡占型市场结构，处于产业集群演进的起飞期，排在前四位的企业大多分布在黑龙江森工集团的伊春林管局，可见，家具制造业在此区域已形成产业集群，且集聚程度较高。

### 4.4.3 林业第三产业布局演进历程

林业旅游与休闲服务业 $CR_4$ 基本上在 35% 以上 50% 以下，属于中(下)集中寡占型市场结构，处于产业集群演进的起飞期，排在前四位的企业大都分布在黑龙江森工集团的伊春林管局，可见，林业旅游与休闲服务业在此区域已形成产业集群。

由上述对东北内蒙古国有林区林业产业集聚水平的测度可知，具有较为明显的产业集群现象的家具制造业、人造板制造业、林业旅游与休闲服务业主要集中在黑龙江森工集团的伊春林管局，而在其他林管局的分布较为分散；处于产业集群形成期的经济林产品的种植与采集业主要集中在在合江林管局和牡丹江林管局，而在其他林管局的分布较为分散；不具有集群现象的林木培育与种植业、木材采运业、锯材木片加工业、木制品制造业在 84 个林业企业的分布较为均衡，企业间的生产规模相差不大，集中度较低。

## 4.5 本章小结

本章根据中国林业统计年鉴 1987 ~ 2010 年数据资料，首先对林业产业从产量和产值的角度对林业产业产出规模进行了描述，各林业产业产品产量和企业产业都有不同程度的增加，有些产业发展速度较快。其次，从产业间及产业内两方面对林业产业结构的演变进行了分析，结果表明：第一产业的比重总体呈减小趋势，第二产业的比重总体呈增加趋势，第三产业的比重略有上升，林业产业结构正在逐步趋向合理化；第一产业内部采运业所占比重下降，第二产业内部，木材加工业占主导地位，且所占比重由小到大依次是家具制造业、锯材木片加工业、人造板制造业、木制品制造业，第三产业内部林业旅游与休闲服务业所占比重最大，且呈上升趋势；再次，基于 SCP 理论从市场结构、市场行为、市场绩效 3 方面考察了林业产业组织的演变过程，结果表明：除家具制造业、人造板制造业、林业旅游与休闲服务业产业集中度较高外，其余产业集中度较低，大部分属于分散竞争性的市场结构，产品的差异化程度非常小，林业产业的进入壁垒由较高、退出壁垒较低演变为进入壁垒较低、退出壁垒较高；企业的市场行为由已政府主导型演变为市场主导型；林业企业的市场绩效有所提高，但与其他行业相比仍然较低。最后，对林业产业集群进行了测度，结果表明：具有较为明显产业集群现象的产业是家具制造业、人造板制造业、林业旅游与休闲服务业，其主要集中在黑龙江森工集团的伊春林管局；处于产业集群形成期的产业是经济林产品的种植与采集业，其主要集中在在合江林管局和牡丹江林管局；不具有集群现象的产业是林木培育与种植业、木材采运业、锯材木片加工业、木制品制造业，其在 84 个林业企业的分布较为均衡，企业间的生产规模相差不大，集中度较低。

# 5

# 东北内蒙古国有林区林业产业演进阶段测度

产业演进是指产业经历其生命周期的一种过程，即单个产业的成长及发展有其产生、发展和衰亡的过程，即经历形成期、成长期、成熟期和衰退期等不同阶段，且不同阶段均有不同的演进特点和机制。因此，从产业生命周期的视角研究某一产业的发展规律，判断其在产业的演进的过程中所处发展阶段成为众多学者关注的热点问题。本章将运用这一理论对东北内蒙古国有林区林业产业演进所处阶段进行测度，以更好地把握东北内蒙古国有林区林业产业演进的特点和规律。

## 5.1 研究方法综述

研究方法如第 2 章所述，有定性分析法和定量分析法两种，下面分别运用两种方法对林业产业演进所处阶段进行测度，且定量分析法是重点。

定性分析：根据第四章对林区林业产业结构、产业组织、产业布局的深入分析，可知东北内蒙古国有林区林业产业目前表现出的特征为：产业结构趋于合理、趋于高级、产品附加值不断提高；产业集中度较低、产品产别较小且有增大趋势、加工企业量大幅增加、进入壁垒较低；产业布局分散、集聚效应较差；依据表 2-2 可大致判断出目前东北内蒙古国有林区林业产业正处于成长期。

定量分析：主要从产业组织和产业规模视角对产业演进阶段进行识别。从产业组织视角识别产业演进阶段的方法主要有厂商“净进入率”

法、结合创新活动程度和创新主体的识别法、二维识别法、基于产业集中度的识别法；从产业规模视角识别产业演进阶段的方法主要有产出增长率法、普及率法、生长曲线法。由于本书所研究的样本为 84 个国有林业企业，不存在企业的进入与退出，并且考察的产业组织相关指标时间序列较短(2003～2010 年)，不能准确反映林业产业演进的规律，因此，不适合从产业组织角度对产业演进阶段进行识别，本书将从产业规模的视角对林业产业的演进阶段进行测度，其主要方法是 Logistic 生长曲线法和 Compertz 生长曲线法。

## 5.1.1　Logistic 生长曲线法

### 5.1.1.1　Logistic 生长曲线方程

逻辑斯蒂(Logistic)曲线方程(简称逻辑曲线，也称皮尔曲线)。逻辑曲线最早起源于生物群体的生长曲线，是由美国生物学家和人口统计学家皮尔建立的一种描述生物生长阶段的数学模型。由于产业的成长与生命体的成长有类似之处，现被很多学者用来描述单个产业系统的成长演化过程。

Logistic 生长曲线方程为：

$$X=\frac{N}{1+c\exp(-at)} \qquad (式 5\text{-}1)$$

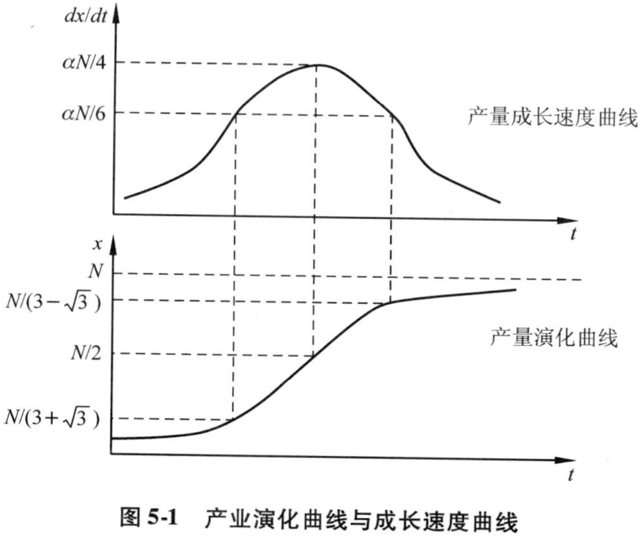


**图 5-1　产业演化曲线与成长速度曲线**

其图形如图 5-1 的下图所示。其中 $X$ 是系统的产量(或企业数量、产业销售额等)等特征变量，$N$ 为产业系统中产量增长的饱和值，$a$ 为增长参数，$c$ 为积分常数。

Logistic 方程的微分形式如公式 5-2 所示，其图形如图 5-1 的上图所示。

$$\frac{dX}{dt} = aX(N - X) \qquad (式 5\text{-}2)$$

对公式 5-2 继续求导得公式 5-3：

$$\frac{d^2X}{dt^2} = a^2X(N - X)(N - 2X) \qquad (式 5\text{-}3)$$

方程(式 5-3)表示产量增长在任一时刻的加速度。

令 $\frac{d^2X}{dt^2} = 0$，得产量演化曲线的拐点出现在 $X = 0.5N$ 处，代入方程 5-1 得到：

$$t_{0.5N} = \frac{\ln c}{a}，此时 \left.\frac{dX}{dt}\right|_{t=t^*} = \frac{aN}{4}。$$

对公式 5-3 继续求导得公式 5-4：

$$\frac{d^3X}{dt^3} = a^3X(N - X)[N - (3 + \sqrt{3})X][N - (3 - \sqrt{3})X] \qquad (式 5\text{-}4)$$

令 $\frac{d^3X}{dt^3} = 0$，得 $X_1 = \frac{N}{3 + \sqrt{3}}$，$X_2 = \frac{N}{3 - \sqrt{3}}$，代入方程 5-1 得到

$$t_1 = \frac{\ln c - \ln(2 + \sqrt{3})}{\alpha}，t_2 = \frac{\ln c + \ln(2 + \sqrt{3})}{\alpha}$$

此时，$\left.\frac{dX}{dt}\right|_{t=t_1} = \left.\frac{dX}{dt}\right|_{t=t_2} = \frac{aN}{6}$

因此，成长速度曲线有两个对称拐点($t_1$，$\frac{aN}{6}$)、($t_2$，$\frac{aN}{6}$)，与此对应的演化曲线的状态分别为 $\frac{N}{3 + \sqrt{3}}$、$\frac{N}{3 - \sqrt{3}}$，约为最大饱和值的 21%，79%。

产业成长各阶段的变量特征可用表 5-1 来描述。

表 5-1　产业成长阶段划分

| 产业成长阶段 | 时间段 | 产业成长速度 | 产业特征变量状态 |
| --- | --- | --- | --- |
| 形成期 | $0 \to t_1$ | $0 \to aN/6$ | $0 \to \frac{N}{3+\sqrt{3}}$ |
| 成长期早期 | $t_1 \to t_{0.5N}$ | $aN/6 \to aN/4$ | $\frac{N}{3+\sqrt{3}} \to 0.5N$ |
| 成长期后期 | $t_{0.5N} \to t_2$ | $aN/4 \to aN/6$ | $0.5N \to \frac{N}{3-\sqrt{3}}$ |
| 成熟期 | $t_2 \to t_N$ | $aN/6 \to 0$ | $\frac{N}{3-\sqrt{3}} \to N$ |

需要指出 Logistic 生长曲线一般不研究产业的衰退期，判断产业是否进入衰退期时不用此曲线。

#### 5.1.1.2　模型参数估计与曲线拟合方法

1. 非线性的 Logistic 模型线性化回归

Logistic 模型是一类内线性模型，或称为可化为线性模型的回归问题。对(式 5-1)两边求对数变换，得：

$$\ln\left(\frac{N-X}{X}\right) = \ln c - at \qquad (式 5\text{-}5)$$

令 $Z = \ln\left(\frac{N-X}{X}\right)$，$A_0 = \ln c$，$A_1 = a$

则式 5-5 可转化为线性模型：　$Z = A_0 - A_1 t$　(式 5-6)

$A_0$，$A_1$ 为常参数，$Z$ 含有参数 $N$，因此(式 5-6)与普通的线性方程不同，事实上它包含了三个参数，不能直接用最小二乘法求参数 $A_0$，$A_1$。但是若 $N$ 已知，则(式 5-6)又是普通的线性方程，因而又可以利用最小二乘法求出(式 5-6)常数 $A_0$，$A_1$，从而得到参数 $c$ 和 $a$ 的估计值：$c = eA_0$，$a = A_1$。最后得出 Logistic 模型的回归曲线，因而问题的关键转换为怎样确定 $N$ 参数。

回归方程拟合精度的高低可用相关指数(或称决定系数)$R^2$ 的大小来判各种拟合方法的决定系数 $R^2$ 的大小顺序为：非线性回归 > 四点法 > 三点法 > 拐点法，这表明非线性回归的拟合精度最高，四点法次之，三点法、拐点法精度较低，尽管如此，四者的决定系数都较大[85]。但其算法较为复杂，还必须先给出模型参数的初始值，而且只有初始值接近最终迭代结果时才具有较快的迭代速度。因此，最好的方法是，先用四点法估计出参数 $N$，然后利用线性化回归方法求出其余两个参数的估计值并且进行显著性检验，再以此估计值为初始值进行非线性回归拟合，则可以迭代次数最大限度地提高曲线方程的拟合精度。

2. Logistic 模型参数 N 的估计方法

估计模型参数 $N$，常用的方法主要有三点法、四点法和拐点法等。应用实例研究表明：三种方法都可得到较高拟合精度，其中以四点法最优[86]，选取实测数据序列($t_1$，$X_1$)为始点、($t_2$，$X_2$)和($t_3$，$X_3$)为中间点、($t_4$，$X_4$)为终点，分别代入(式 5-5)，得到估计 $N$ 值的公式为：

$$N=\frac{X_1X_4(X_2+X_3)-X_2X_3(X_1+X_4)}{X_1X_4-X_2X_3},\quad t_1+t_4=t_2+t_3 \quad (\text{式 5-7})$$

值得说明的是，一般 $X_1$ 和 $X_4$ 应选取实测数据的始点和终点，但在实际操作中，会有 $N$ 为负或者小于实测数据的情况，不符合 $N$ 的实际经济含义，因此会另外选取其他的点来近似地确定 $N$，但所选取的四个时间序列点的自变量需呈等差数列(或近似等差数列)，这样拟合效果较好。

3. 非线性回归

非线性回归过程可以获得 Logistic 模型参数的最小二乘无偏性估计。利用 SPSS 软件，所采用的算法是 Levenberg-Marquardt 法。运用此法进行迭代时，必须利用上面方法先给出模型中各参数的初始值，即对于 Logistic 模型，参数 N 的初始值可用四点法取得，参数 $c$ 和 $a$ 可用线性化回归的最小二乘法估计值作为初始值，如此可以提高迭代的速度。

### 5.1.2 Compertz 生长曲线法

#### 5.1.2.1 Compertz 生长曲线方程

龚伯兹曲线是由英国统计学家和数学家 B. Compertz 提出的，故又称 Compertz 曲线，其总体形状呈 S 型曲线，适用于技术、经济、社会及生物现象发展过程的描述[87]。在反映一些经济现象与时间的变化关系时，该曲线可分为两个阶段。第一阶段为增长阶段，其一般规律是：某一经济变量(如木材产量等)随着时间(t)的推移有一个最大或最小的极限值；该经济变量($Y_t$)在初始阶段，即刚处于最小极限值 $L_{MIN}$(产业生存最小规模)之上时，增长较慢；接着进入快速增长阶段；然后又进入缓慢增长阶段；最终趋于最大极限值 $L_{MAX}$(产业峰值规模)，如图 5-2。第二阶段为衰退阶段，其一般规律是：在第一阶段后，该经济变量在最大极限值以下缓慢下降；接着进入快速下降阶段；然后又进入缓慢下降阶段，最终趋于最小极限值[88]，如图 5-3。

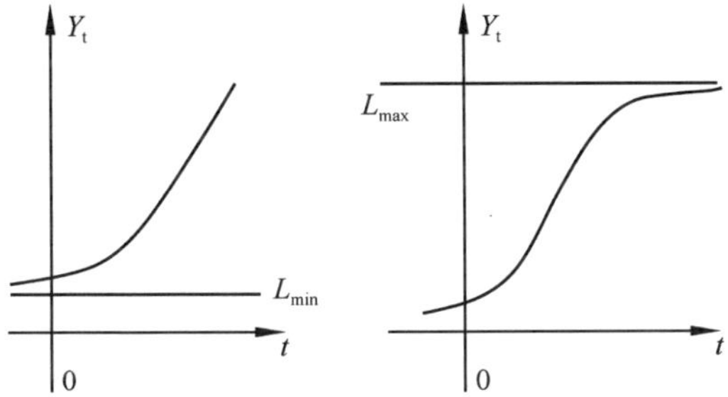


**图 5-2 龚伯兹曲线在第一阶段的图形**

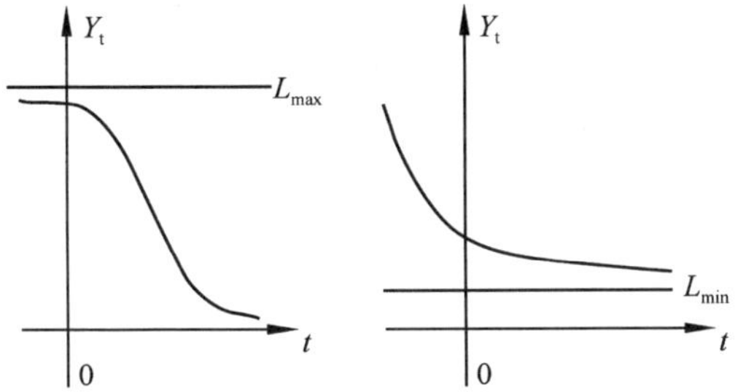


**图 5-3 龚伯兹曲线在第二阶段的图形**

Compertz 生长曲线方程为：

$$Y_t = La^{b^t} \qquad (式 5\text{-}8)$$

其中：$Y_t$ 表示产量、产值(销量、销售值)等；$t$ 表示时间；$L_{MIN}$、$L_{MAX}$分别表示产量、产值(销量、销售值)的最小与最大极限值；$a$、$b$ 是曲线待估计参数。

### 5.1.2.2 模型参数估计与曲线拟合方法

将公式 5-8 两边取对数变为公式 5-9 ：

$$\ln Y_t = \ln L + b^t \ln a \qquad (式 5\text{-}9)$$

Compertz 生长方程为非线性曲线，因此选用非线性最小二乘法对参数进行估计，而参数的初始值的获得通常采用三和值法，即可以将历年指标值的动态数列分为三组，每组各有等数量的 $n$ 个观察值，然后分别计算各组观察样本的对数值 $\ln Y$ 并求和，设为 $\sum_1 \ln Y$、$\sum_2 \ln Y$、$\sum_3 \ln Y$ 可估计得到参数 $L$、$a$、$b$ 的初始值，如公式 5-10。

$$b = \left[\frac{(\sum_3 \ln Y - \sum_2 \ln Y)}{(\sum_2 \ln Y - \sum_1 \ln Y)}\right]^{\frac{1}{n}}$$

$$\ln a = (\sum_2 \ln Y - \sum_1 \ln Y)\frac{b-1}{(b^n-1)^2} \qquad \text{（式 5-10）}$$

$$\ln L = \frac{1}{n}\left[\frac{(\sum_1 \ln Y)(\sum_3 \ln Y) - (\sum_2 \ln Y)^2}{\sum_1 \ln Y + \sum_3 \ln Y - 2\sum_2 \ln Y}\right]$$

然后再以此估计值为初始值运用 SPSS 进行非线性回归拟合，并进行显著性检验，则可以迭代次数最大限度地提高曲线方程的拟合精度。

当 $L_{MIN}$、$L_{MAX}$ 分别固定时，产业生命周期各阶段与方程参数有如下关系[89]，具体见表 5-2。

**表 5-2　L 值、方程参数与产业生命周期阶段关系**

| $L$ 值 | 参数对应取值范围 | 所处周期阶段 |
| --- | --- | --- |
| $L$ 为成长下限 | $b>1$，$\ln a>0$ | 进入期 成长期前期 |
| $L$ 为增长上限 | $0<b<1$，$\ln a<0$ | 成长期后期 成熟期前期 |
| $L$ 为增长上限 | $b>1$，$\ln a<0$ | 成熟期后期 衰退期前期 |
| $L$ 为衰退下限 | $0<b<1$，$\ln a>0$ | 衰退期后期 |

需要说明的是，由于每一亚产业时间序列数据表现出不同特征，因此，在对林业产业演进阶段进行测度时，依据每一产业时间序列数据特征选择拟合优度较高的测度方法。

## 5.2　实证分析

首先，对林业产业这一复合产业的演进阶段进行测度，识别其演进特征及发展趋势。需要指出的是，下文关于产业演进阶段的测度所涉及产量指标在第 4 章中列出，产值指标见文后附表。

### 5.2.1　林业产业演进阶段测度

运用 Compertz 生长曲线法和 Logistic 生长曲线法分别分析，前者的拟合优度 $R^2$ 高于后者，说明该时间序列数据特征更符合 Compertz 生长曲线，因此，采用前者进行测度。林业产业总产值数据从 1987 年才开始统计，本书将 1987 ~ 2010 年产值画出散点图，发现 2001 年前后表现出不同的增长特征，因而，将数据采用平滑法处理后，以 2001 年为分界点，将 1987 ~ 2010 年这 24 年的数据分为两组动态序列，即第一组为 1987 ~ 2001年，利用三和值法将历年指标值的动态序列分为三段，每段各有 5($n=5$)个观察值，即第一段为 1987 ~ 1991 年，第二段为 1992 ~ 1996 年，第三段为 1997 ~ 2001 年；第二组为 2002 ~ 2010 年，利用三和值法将历年指标值的动态序列分为三段，每段各有 3($n=3$)个观察值，即第一段为 2002 ~ 2004 年，第二段为 2005 ~ 2007 年，第三段为 2008 ~ 2010 年。

首先，运用 Excel 计算可得第一组动态数列的数据：

$$\sum_1 \ln Y = 20.985, \sum_2 \ln Y = 23.098, \sum_3 \ln Y = 24.177。$$

通过公式 5-10 计算得：

$$\ln L = 5.06,\ \ln a = -1.1096,\ b = 0.874。$$

得参数初始值分别为：

$$L = 157.65,\ a = 0.3297,\ b = 0.874。$$

将上述 $L$、$a$、$b$ 三值作为初始值，用非线性最小二乘法进行精确估计，估计结果见表 5-3。

**表 5-3　参数估计值**

| 参数 | 估计 | 标准误差 | 95%置信区间 | |
|---|---|---|---|---|
| | | | 下限 | 上限 |
| $L$ | 164.132 | 21.271 | 117.786 | 210.477 |
| $a$ | 0.280 | 0.026 | 0.223 | 0.336 |
| $b$ | 0.885 | 0.029 | 0.822 | 0.949 |

拟合方程为：$Y_t = 164.132 * 0.280^{0.885^t}$，$t=1$，2…15，对应年份为1987，1988…2001年，$R^2=0.962$，拟合度较高。由表5-3可得知 $L=164.132$，$\ln a=-1.273$，$b=0.885$，根据表5-2可得出林业产业在1987～2001年正处于成熟期前期，$L$ 为增长上限，即至2001年林业产业总产值最大值为164.132亿元。

其次，运用Excel计算可得第二组动态数列的数据：

$$\sum_1 \ln Y = 15.105, \sum_2 \ln Y = 15.974, \sum_3 \ln Y = 16.684。$$

通过公式5-10计算得：

$$\ln L = 6.617，\ln a = -1.69，b = -0.935。$$

得参数初始值分别为：

$$L = 747.876，a = 0.185，b = -0.935。$$

将上述 $L$、$a$、$b$ 三值作为初始值，用非线性最小二乘法进行精确估计，估计结果见表5-4。

**表5-4 参数估计值**

| 参数 | 估计 | 标准误差 | 95%置信区间 | |
|---|---|---|---|---|
| | | | 下限 | 上限 |
| $L$ | 1400.629 | 1065.569 | -1206.726 | 4007.983 |
| $a$ | 0.089 | 0.066 | -0.073 | 0.251 |
| $b$ | 0.955 | 0.018 | 0.913 | 0.998 |

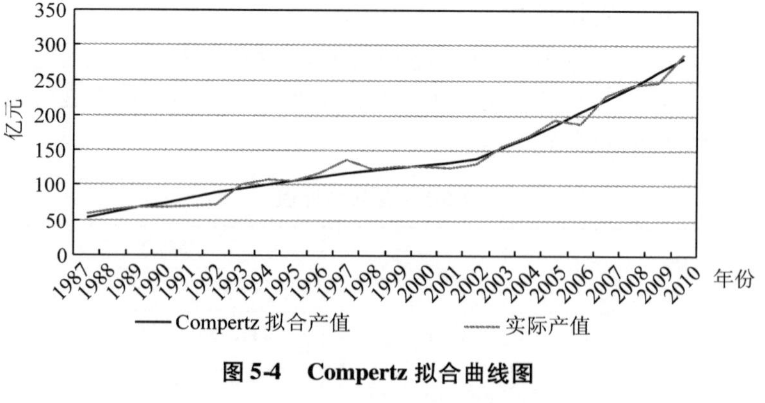


**图5-4 Compertz拟合曲线图**

拟合方程为：$Y_t = 1400.629 \times 0.089^{0.995^t}$，$t = 1, 2 \cdots 9$，对应年份为2002，2003…2010年 $R^2 = 0.998$，拟合度较高。由表5-4可得知 $L = 1400.629$，$\ln a = -2.419$，$b = 0.955$，根据表5-2可得知东北内蒙古国有林区林业产业正处于成长期后期，$L$ 值为增长上限。整个时间序列的拟合图如图5-4。

### 5.2.2 林木的培育与种植业演进阶段测度

运用Compertz生长曲线法和Logistic生长曲线法分别分析，前者的拟合优度 $R^2$ 高于后者，说明该时间序列数据特征更符合Compertz生长曲线，因此，采用前者进行测度。林木的培育与种植业产值较为完整的统计数据是从1987～2010年，时间序列长度为24年，先将数据采用平滑法处理后，利用三和值法将历年指标值的动态数列分为三段，每段各有8($n = 8$)个观察值，即第一段为1987～1994年，第二段为1995～2002年，第三段为2003～2010年，并运用Excel计算可得如下数据：

$$\sum_1 \ln Y = 88.7555, \sum_2 \ln Y = 89.7296, \sum_3 \ln Y = 91.5832。$$

通过公式5-10计算得：

$$\ln L = 10.95956,\ \ln a = 0.10008,\ b = 1.08373。$$

得参数初始值分别为：

$$L = 57501.07,\ a = 1.10527,\ b = 1.08373。$$

将上述 $L$、$a$、$b$ 三值作为初始值，用非线性最小二乘法进行精确估计，估计结果如下(表5-7)：

**表5-5 参数估计值**

| 参数 | 估计 | 标准误差 | 95%置信区间 | |
|---|---|---|---|---|
| | | | 下限 | 上限 |
| $L$ | 68063.780 | 1343.420 | 65269.987 | 70857.574 |
| $a$ | 1.002 | 0.001 | 0.999 | 1.005 |
| $b$ | 1.270 | 0.038 | 1.192 | 1.349 |

拟合方程为：$Y_t = 68063.780 \times 1.002^{1.270^t}$，$t = 1, 2 \cdots 24$，对应年份为1987，1988…2010年，$R^2 = 0.945$，拟合度较高，拟合图如图5-5。

由表5-5可得知 $L = 68063.780$，$\ln a = 0.00200$，$b = 1.270$，根据

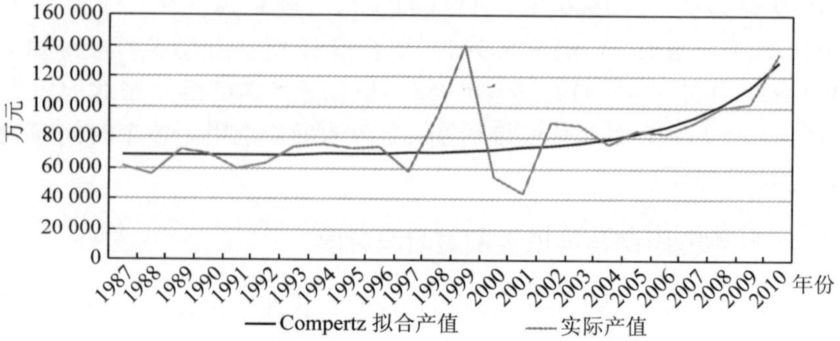


**图 5-5 Compertz 拟合曲线图**

表 5-2可得出林木培育与种植业处于进入期、成长期前期。由于东北内蒙古国有林区自 1998 年实施天保工程后，逐步重视了对森林资源的培育及管护，林木培育与种植业得到了较快的发展，因此，可认为东北内蒙古国有林区林木培育与种植业正处于产业成长期的前期阶段。

### 5.2.3 木材采运业演进阶段测度

木材产量呈下降趋势，用 Compertz 生长曲线法进行阶段测度较合适。木材产量较为完整的统计数据是从 1985 ~ 2010 年，时间序列长度为 26 年。将数据画出散点图，发现木材产量从 1985 年开始逐年增加至 1987 年，达到产量最大点，而后木材产量先是缓慢下降，而后快速下降，分析整个过程，可以认为木材采运业从 1987 ~ 2010 年先后经历了成熟期、衰退前期、后期。到 1987 年木材产量已达到最大值已不容置疑，因此，主要研究 1987 ~ 2010 年的产业演进规律。先将数据采用平滑法处理后，以 1992 年为分界点将 1987 ~ 2010 年这 24 年的数据分为两组动态序列，即第一组为 1987 ~ 1992 年，利用三和值法可以将历年指标值的动态序列分为三段，每段各有 2($n=2$)个观察值，即第一段为 1987 ~ 1988 年，第二段为 1989 ~ 1990 年，第三段为 1991 ~ 1992 年；第二组为 1992 ~ 2009 年，利用三和值法可以将历年指标值的动态序列分为三段，每段各有 6($n=6$)个观察值，即第一段为 1992 年 ~ 1997 年，第二段为 1998 ~ 2003 年，第三段为 2004 ~ 2009 年。2010 年产量可通过求得的曲线方程拟合出来。

首先，运用 Excel 计算可得第一组动态数列的数据：

$$\sum_{1} \ln Y = 15.776, \sum_{2} \ln Y = 15.635, \sum_{3} \ln Y = 15.226。$$

通过公式 5-10 计算得：

$$\ln L = 7.9246,\ \ln a = -0.0216,\ b = 1.7063。$$

得参数初始值分别为：

$$L = 2764.4,\ a = 0.9732,\ b = 1.7063。$$

将上述 $L$、$a$、$b$ 三值作为初始值，用非线性最小二乘法进行精确估计，估计结果如下：

**表 5-6　参数估计值**

| 参数 | 估计 | 标准误差 | 95% 置信区间 | |
|---|---|---|---|---|
| | | | 下限 | 上限 |
| $L$ | 2865.187 | 151.933 | 2381.668 | 3348.706 |
| $a$ | 0.963 | 0.030 | 0.866 | 1.060 |
| $b$ | 1.485 | 0.185 | 0.898 | 2.073 |

拟合方程为：$Y_t = 2865.187 \times 0.963^{1.485^t}$，$t = 1, 2 \cdots 5$，对应年份为 1987，1988…1991 年，$R^2 = 0.981$，拟合度较高。由表 5-6 可得知 $L = 2865.287$，$\ln a = -0.0377$，$b = 1.485$，根据表 5-2 可得出 1987～1992 年木材采运业经历了成熟期后期，衰退期前期，$L$ 为增长上限，估计值与实际值只相差 162.6 $m^3$（$2865.187 - 2702.54 = 162.6$），说明拟合精度较高。

其次，运用 Excel 计算可得第二组动态数列的数据：

$$\sum_{1} \ln Y = 45.1477, \sum_{2} \ln Y = 42.7429, \sum_{3} \ln Y = 41.8721。$$

通过公式 5-10 计算得：

$$\ln L = 6.8963,\ \ln a = 0.9204,\ b = 0.8443。$$

得参数初始值分别为：

$$L = 988.5915,\ a = 2.5104,\ b = 0.8443。$$

将上述 $L$、$a$、$b$ 三值作为初始值，用非线性最小二乘法进行精确估计，估计结果如下（表 5-7）：

表 5-7 参数估计值

| 参数 | 估计 | 标准误差 | 95%置信区间 | |
|---|---|---|---|---|
| | | | 下限 | 上限 |
| $L$ | 300.130 | 617.547 | -1016.141 | 1616.401 |
| $a$ | 7.275 | 14.643 | -23.936 | 38.485 |
| $b$ | 0.970 | 0.039 | 0.887 | 1.053 |

拟合方程为：$Y_t = 300.130 \times 7.275^{0.970^t}$，$t=1$，2…19，对应年份为1992，1993…2010年，$R^2=0.901$，拟合度较高。整个时间序列的拟合图如图5-6。

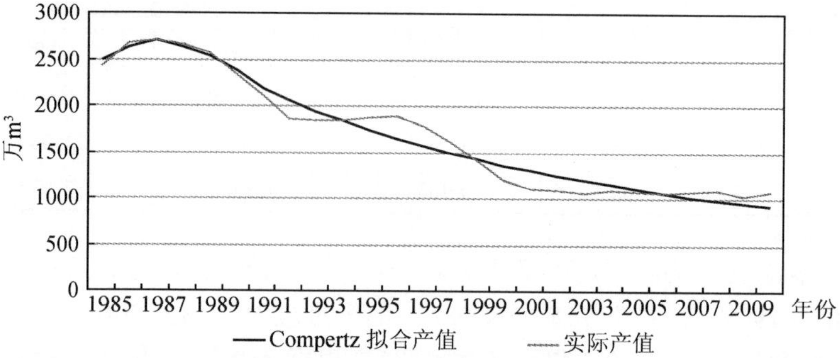


图 5-6 Compertz 拟合曲线图

由表5-7可得知 $L=300.130$，$\ln a=1.984$，$b=0.970$，根据表5-2可得出木材采运业正处于衰退期后期，$L$ 为衰退下限。

东北内蒙古国有林区是我国国民经济建设所需木材的重要供应地，自建国初期逐年加大木材的采伐量，直至1987年木材采伐量达到最大，为2702.54万 $m^3$，而后的十年间木材产量有所减少，但仍然维持在一个较高的水平，自1992年后由于可采资源的减少，木材产量下降较快，特别是1998年实施天保工程后，木材产量更是逐年调减，直至2010年木材产量调减为1079.46万 $m^3$，随着2011年二期天保工程的实施，木材产量将进一步减少，由一期定产的1094.1万 $m^3$，分三年调减到402.5万 $m^3$，可见，木材采运业已明显进入衰退期后期。值得说明的是，由于国家对森林资源培育的重视，国有林区的森林资源经过合理科学的管护与利用，森林资源得到良好的恢复后，木材采运业将迎来下一生命周期的成长期，真正实现了森林资源的可持续利用。

### 5.2.4 经济林产品种植与采集业演进阶段测度

运用 Compertz 生长曲线法和 Logistic 生长曲线法分别分析，后者的拟合优度 $R^2$ 高于后者，说明该时间序列数据特征更符合 Logistic 生长曲线，因此，采用后者进行测度。考虑资料的完整性，本书对经济林产品种植与采集业产值进行拟合，为了使数据的拟合精度高，用 SPSS 采用平滑法对原始数据进行修正。初始参数 $N$ 值采用四点法估计，取 $t=2001$、2004、2007 和 2010 四个年份的数据，得到估计值 $N=383118.21$（万元）。

线性回归拟合曲线为：

$$Z=5.056-0.326t$$

$$R^2=0.993,\ F=1081.917,\ c=e^{5.056}=156.96,\ a=0.326$$

由线性回归得出的参数值作为非线性回归的初始值进行非线性拟合，得出参数估计值见表 5-8。

**表 5-8 参数估计值**

| 参数 | 估计 | 标准误差 | 95% 置信区间 | |
|---|---|---|---|---|
| | | | 下限 | 上限 |
| $N$ | 1018052.687 | 680060.710 | -440532.471 | 2476637.845 |
| $a$ | 0.259 | 0.028 | 0.200 | 0.319 |
| $c$ | 243.028 | 109.775 | 7.583 | 478.472 |

曲线方程为：$X=\dfrac{1018052.687}{1+243.028\exp(-0.259t)}$，$t=$ 年份 $-1993$，$R^2=0.992$，拟合度较高。拟合图如图 5-7，Logistic 模型求解汇总表见表 5-9。

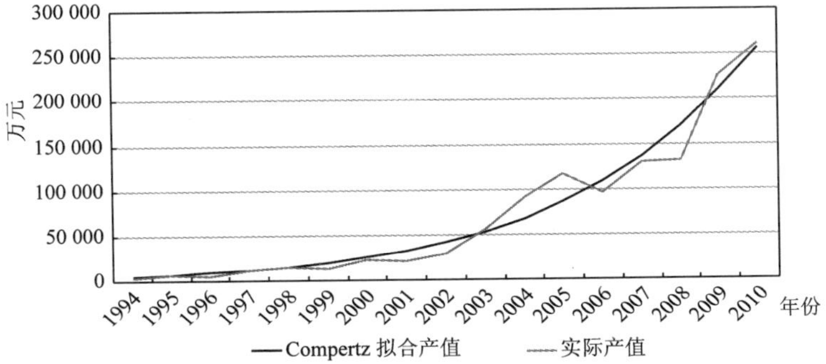


**图 5-7 Logistic 拟合曲线图**

表 5-9 产业状态变量 Logistic 模型求解汇总表

| 状态变量 | 拟合曲线方程 | 饱和值 | 拐点值 | 拐点年份 | 发展阶段 |
|---|---|---|---|---|---|
| 产值(万元) | $X=\dfrac{1018052.687}{1+243.028\exp(-0.259t)}$ | 1018052.687 | 213791 | 2009 | 成长期早期 |

2009 年产值为 226031 万元，而成长期早期的产值起点为$\dfrac{N}{3+\sqrt{3}}$(约为 21% N)，即为 213791 万元，因此可认为 2009 年经济林产品种植与采集业已进入成长期早期。说明该产业的成长空间很大，其成长和壮大成为林区经济增长的重要的动力，是林业职工获得经济收入的重要途径。

### 5.2.5 锯材木片加工业演进阶段测度

考察锯材木片加工业演进阶段，以锯材和木片的产量作为状态变量，由于两者遵循不同的规律，所以将分别研究两者的演进过程。

#### 5.2.5.1 锯材加工业演进阶段测度

将锯材产量数据画出散点图，发现自 1988 ~ 2002 年呈下降趋势，自 2002 年后产量有所回升，因此，选用 Compertz 生长曲线法进行分析。将数据采用平滑法处理后，以 2002 年为分界点将 1988 ~ 2010 年这 23 年的数据分为两组动态序列，即第一组为 1988 ~ 2002 年，利用三和值法可以将历年指标值的动态序列分为三段，每段各有 5($n=5$)个观察值，即第一段为 1988 ~ 1992 年，第二段为 1993 ~ 1997 年，第三段为 1998 ~ 2002 年；第二组为 2002 ~ 2010 年，利用三和值法可以将历年指标值的动态序列分为三段，每段各有 3($n=3$)个观察值，即第一段为 2002 ~ 2004 年，第二段为 2005 ~ 2007 年，第三段为 2008 ~ 2010 年。

首先，运用 Excel 计算可得第一组动态数列的数据：

$$\sum_1 \ln Y = 25.764,\ \sum_2 \ln Y = 21.434,\ \sum_3 \ln Y = 19.155。$$

通过公式 5-10 计算得：

$$\ln L = 3.325,\ \ln a = 2.324,\ b = 0.8795。$$

得参数初始值分别为：

$$L = 27.795,\ a = 10.222,\ b = 0.8795。$$

将上述 $L$、$a$、$b$ 三值作为初始值，用非线性最小二乘法进行精确估计，估计结果见表 5-10。

**表 5-10　参数估计值**

| 参数 | 估计 | 标准误差 | 95% 置信区间 | |
|---|---|---|---|---|
| | | | 下限 | 上限 |
| $L$ | 0.917 | 4.963 | -9.896 | 11.730 |
| $a$ | 300.187 | 1608.186 | -3203.750 | 3804.124 |
| $b$ | 0.970 | 0.034 | 0.897 | 1.043 |

拟合方程为：$Y_t = 0.917 \times 300.187^{0.970^t}$，$t = 1, 2 \cdots 15$，对应年份为 1988，1989…2002 年，$R^2 = 0.964$，拟合度较高。由表 5-10 可得知 $L = 0.917$，$\ln a = 5.704$，$b = 0.970$，根据表 5-2 可得出锯材加工业由 1988 的成熟期逐渐步入到 2002 年的衰退期后期，$L$ 为衰退下限。

其次，运用 Excel 计算可得第二组动态数列的数据：

$$\sum_1 \ln Y = 11.4099, \sum_2 \ln Y = 12.6539, \sum_3 \ln Y = 12.8368。$$

通过公式 5-10 计算得：

$$\ln L = 4.289,\ \ln a = -0.807,\ b = 0.5278。$$

得参数初始值分别为：

$$L = 72.9255,\ a = 0.446,\ b = 0.5278。$$

将上述 $L$、$a$、$b$ 三值作为初始值，用非线性最小二乘法进行精确估计，估计结果见表 5-11。

**表 5-11　参数估计值**

| 参数 | 估计 | 标准误差 | 95% 置信区间 | |
|---|---|---|---|---|
| | | | 下限 | 上限 |
| $L$ | 75.418 | 2.477 | 69.358 | 81.479 |
| $a$ | 0.312 | 0.046 | 0.198 | 0.425 |
| $b$ | 0.637 | 0.053 | 0.507 | 0.767 |

拟合方程为：$Y_t = 75.418 \times 0.312^{0.637^t}$，$t = 1, 2 \cdots 9$，对应年份为 2002，2003…2010 年，$R^2 = 0.972$，拟合度较高。由表 5-11 可得知 $L = 75.418$，$\ln a = -1.165$，$b = 0.637$，根据表 5-2 可得出锯材加工业正处

于成长期后期。整个时间序列的拟合图如图 5-8。

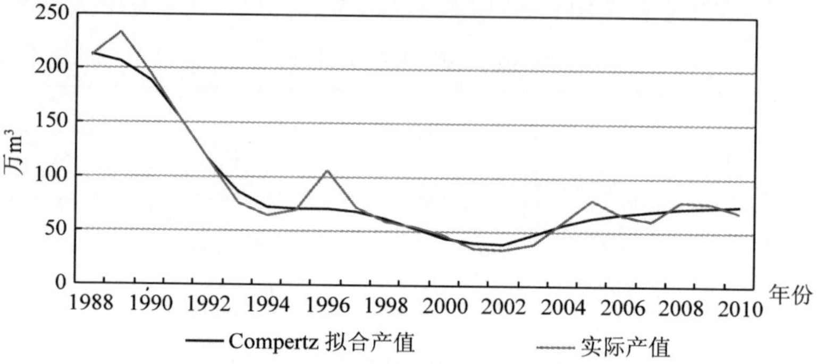


**图 5-8 Compertz 拟合曲线图**

东北内蒙古国有林区由于自 1987 年木材产量逐渐下降，致使锯材产量由 1989 年的 233. 63 万 $m^3$ 下降至 2002 年 32. 97 万 $m^3$，即伴随着木材采运业的衰退，锯材加工业也随之衰退。而 2002 年锯材产量由所回升，分析其原因主要是由于中国从 2000 年开始对木材进口实行零关税，中国加大了对木材的进口量，特别是黑龙江吉林和内蒙古有多个木材进口港口，木材进口量的增加缓解了东北内蒙古国有林区木材供需的矛盾，为锯材加工业的发展提供了良好的机遇。因此，近年来锯材产量有所增加，使原来已经进入衰退期的锯材加工业重新得到发展，进入了下一周期的成长期，但是东北内蒙古国有林区锯材加工业是否能够顺利步入成熟期，取决于主要木材出口国的国际贸易保护政策，随着木材出口国对木材贸易保护的加强，东北内蒙古国有林区的木材进口量将受到一定限制，锯材加工业的发展也同样受到限制。综上所述，整体上锯材加工业处于衰退期。

### 5. 2. 5. 2 木片加工业演进阶段测度

木片产量的数据从 1992 年才开始统计，本书将木片产量 1992 ~ 2010 年的数据画出散点图，发现木片产量自 1992 年至 2003 年呈上升趋势，自 2003 年后产量呈下降趋势，因此，选用 Compertz 生长曲线法进行分析。将数据采用平滑法处理后，以 2003 年为分界点将 1992 年至 2010 年这 23 年的数据分为两组动态序列，即第一组为 1992 ~ 2003 年，利用三和值法可以将历年指标值的动态序列分为三段，每段各有 4( $n=4$ )个观察值，即第一段为 1988～1992 年，第二段为 1993～1997 年，第三段为 1998～2002 年；第二组为 2004～2010 年，利用三和值法可以将历年指标值的动态序列分为三段，每段各有 2( $n=2$ )个观察值，即第一段为 2004～2005 年，第二段为 2006～2007 年，第三段为 2008～2009 年。2010 年产量可通过求得的曲线方程拟合出来。

首先，运用 Excel 计算可得第一组动态数列的数据：

$$\sum_1 \ln Y = 14.762, \sum_2 \ln Y = 15.098, \sum_3 \ln Y = 16.331。$$

通过公式 5-10 计算得：

$$\ln L = 3.659,\ \ln a = 0.018,\ b = 1.384。$$

得参数初始值分别为：

$$L = 38.825,\ a = 1.0183,\ b = 1.384。$$

将上述 $L$、$a$、$b$ 三值作为初始值，用非线性最小二乘法进行精确估计，估计结果见表 5-12。

**表 5-12　参数估计值**

| 参数 | 估计 | 标准误差 | 95% 置信区间 | |
|---|---|---|---|---|
| | | | 下限 | 上限 |
| $L$ | 40.337 | 1.070 | 37.916 | 42.757 |
| $a$ | 1.002 | 0.001 | 0.998 | 1.005 |
| $b$ | 1.654 | 0.114 | 1.396 | 1.913 |

拟合方程为：$Y_t = 40.337 \times 1.002^{1.654^t}$，$t = 1, 2 \cdots 12$，对应年份为 1992，1993…2003 年，$R^2 = 0.974$，拟合度较高。由表 5-10 可得知 $L = 40.337$，$\ln a = 0.002$，$b = 1.654$，根据表 5-2 可得出木片加工业在 1992～2003年处于成长期早期，$L$ 为成长下限。

其次，运用 Excel 计算可得第二组动态数列的数据：

$$\sum_1 \ln Y = 8.958, \sum_2 \ln Y = 8.617, \sum_3 \ln Y = 8.194。$$

通过公式 5-10 计算得：

$$\ln L = 5.184,\ \ln a = -0.667,\ b = 1.114。$$

得参数初始值分别为：

$$L = 178.389,\ a = 0.513,\ b = 1.114。$$

将上述 $L$、$a$、$b$ 三值作为初始值，用非线性最小二乘法进行精确估计，估计结果见表 5-13。

**表 5-13　参数估计值**

| 参数 | 估计 | 标准误差 | 95%置信区间 | |
|---|---|---|---|---|
| | | | 下限 | 上限 |
| $L$ | 140.479 | 55.336 | -35.625 | 316.582 |
| $a$ | 0.686 | 0.250 | -0.109 | 1.482 |
| $b$ | 1.159 | 0.107 | 0.817 | 1.501 |

拟合方程为：$Y_t = 140.479 \times 0.686^{1.159^t}$，$t = 1, 2 \cdots 6$，对应年份为 2003，2004⋯2010 年，$R^2 = 0.987$，拟合度较高。由表 5-13 可得知 $L = 140.479$，$\ln a = -0.377$，$b = 1.159$，根据表 5-2 可得知木片加工业正处于衰退期前期，$L$ 值为增长上限。整个时间序列的拟合图如图 5-9。

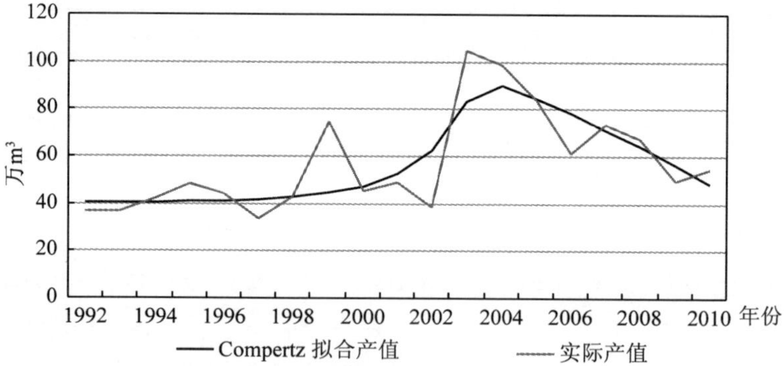


**图 5-9　Compertz 拟合曲线图**

木片加工主要是利用森林采伐、造材、加工等剩余物经削（刨）片机加工成造纸木片、人造板木片、木粉、木粒等产品，是充分利用森林资源，提高木材综合利用的重要途径。由于建国初期森林资源较为丰富，忽略了资源利用率的提高，木片产业起步较晚，1970 年黑龙江省开始试点生产，但多年来徘徊不前，直至 20 世纪 90 年代初才逐渐步入正轨，对木片生产工艺和专用设备进行了研究，制定质量标准，规划生产量、出口量等。1992 年后由于木材采伐量的大幅减少，技术创新使东北内蒙古国有林区的“三剩物”利用率提高了 20 个百分点[90]，木片产业发展较快，1992 ~2003 年处于成长期前期。而 2004 年以后由于原有技术边际效用的递减、提高“三剩物”利用率的新型技术难以突破、林区资源的严重匮乏等原因，木片加工业的产量逐渐下滑，使正处于快速成长期的木片加工业没有经历成熟期达到产量最大点(140.479 万 $m^3$)直接进入衰退期，产业发展不容乐观。

### 5.2.6　人造板加工业演进阶段测度

运用 Compertz 生长曲线法和 Logistic 生长曲线法分别分析，后者的拟合优度 $R^2$ 高于后者，说明该时间序列数据特征更符合 Logistic 生长曲线，因此，采用后者进行测度。考虑资料的完整性，本书对人造板加工业产量进行拟合，为了使数据的拟合精度高，用 SPSS 采用平滑法对原始数据进行修正。初始参数 $N$ 值采用四点法估计，取 $t=2001$、2004、2007 和 2010 四个年份的数据，得到估计值 $N=195.0029$(万 $m^3$)。

线性回归拟合曲线为：

$$Z=2.094-0.103t$$

$$R^2=0.987,\ F=1643.649,\ c=e^{2.094}=8.117,\ a=0.103$$

由线性回归得出的参数值作为非线性回归的初始值进行非线性拟合，得出参数估计值见表 5-14。

**表 5-14　参数估计值**

| 参数 | 估计 | 标准误差 | 95% 置信区间 | |
|---|---|---|---|---|
| | | | 下限 | 上限 |
| $N$ | 437.643 | 222.156 | -24.355 | 899.640 |
| $a$ | 0.079 | 0.008 | 0.062 | 0.095 |
| $c$ | 17.328 | 8.610 | -0.577 | 35.234 |

曲线方程为：

$X=\dfrac{437.643}{1+17.328\exp(-0.079t)}$，$t=$ 年份 $-1987$，$R^2=0.991$，拟合度较高。拟合图如图 5-10，Logistic 模型求解汇总表见表 5-15。

2004 年产量为 100.91 万 $m^3$，而成长期早期的产值起点为$\frac{N}{3+\sqrt{3}}$(约为21% N)，即为91.91 万 $m^3$，因此可认为2004 年人造板加工业已进入成长期早期，距产量最大点 437.643 万 $m^3$ 仍有一定空间，成长空间较大，人造板产业将成为带动林区经济增长重要的产业部门。

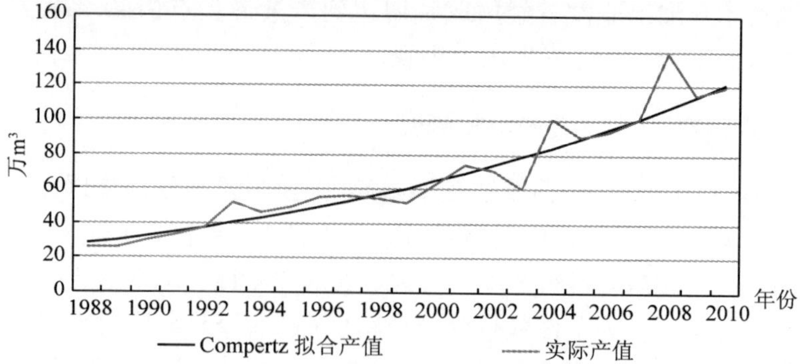


**图 5-10 Logistic 拟合曲线图**

**表 5-15 产业状态变量 Logistic 模型求解汇总表**

| 状态变量 | 拟合曲线方程 | 饱和值 | 拐点值 | 拐点年份 | 发展阶段 |
|---|---|---|---|---|---|
| 产值（万 $m^3$） | $X=\frac{437.643}{1+17.328\exp(-0.079t)}$ | 437.643 | 91.91 | 2004 | 成长期早期 |

## 5.2.7 木制品制造业演进阶段测度

运用 Compertz 生长曲线法和 Logistic 生长曲线法分别分析，后者的拟合优度 $R^2$ 高于后者，说明该时间序列数据特征更符合 Logistic 生长曲线，因此，采用后者进行测度。较为完整的数据是从 1997 年开始统计，时间序列长度为 14 年。为了使数据的拟合精度高，用 SPSS 采用平滑法对木制品制造业原始数据进行修正。初始参数 $N$ 值采用四点法估计，取 $t=2000$、2003、2006 和 2009 四个年份的数据，得到估计值 $N=655344.95$(万元)。

线性回归拟合曲线为：

$$Z=2.213-0.084t$$

$$R^2=0.989,\ F=1058.786,\ c=e^{2.213}=9.143,\ a=0.084$$

由线性回归得出的参数值作为非线性回归的初始值进行非线性拟合，得出参数估计值见表 5-16。

**表 5-16 参数估计值**

| 参数 | 估计 | 标准误差 | 95% 置信区间 | |
|---|---|---|---|---|
| | | | 下限 | 上限 |
| $N$ | 1152474.492 | 588994.649 | -143893.991 | 2448842.974 |
| $a$ | 0.094 | 0.018 | 0.055 | 0.132 |
| $c$ | 6.196 | 3.470 | -1.442 | 13.834 |

曲线方程为：

$X = \dfrac{1152474.92}{1+6.196\exp(-0.094t)}$，$t$ = 年份 - 1996，$R^2=0.991$，拟合度较高。拟合图如图 5-11，Logistic 模型求解汇总表见表 5-17。

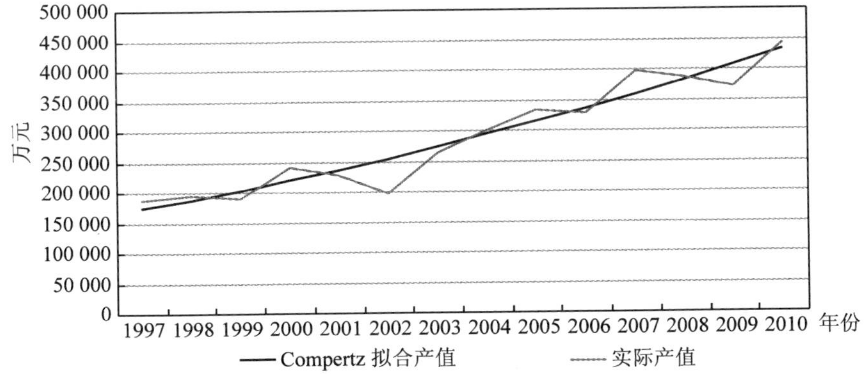


**图 5-11 Logistic 拟事曲线图**

**表 5-17 产业状态变量 Logistic 模型求解汇总表**

| 状态变量 | 拟合曲线方程 | 饱和值 | 拐点值 | 拐点年份 | 发展阶段 |
|---|---|---|---|---|---|
| 产值(万元) | $X=\dfrac{1152474.92}{1+6.196\exp(-0.094t)}$ | 1152474.92 | 242019.72 | 2003 | 成长期早期 |

2003 年产值为 263257 万元，而成长期早期的产值起点为$\dfrac{N}{3+\sqrt{3}}$（约为 21% N），即为 242019.72 万元，因此可认为 2003 年木制品制造业已

进入成长期早期，2010 年产值为 442606 万元，而成长期后期的产值起点为 0.5$N$，即 576237 万元，可见正在向成长期后期迈进，且差距不大。木制品制造业在东北内蒙古国有林区林业第二产业所占的比重最大，对林区经济的贡献较大，是林区的支柱产业，其进一步发展关系着林区林业产业的发展方向，特别是地板、精美木制艺术品等技术含量高、附加值大的产品的发展影响着林业产业演进的方向，因此，应对其重点培育。

### 5.2.8 木质家具制造业演进阶段测度

运用 Compertz 生长曲线法和 Logistic 生长曲线法分别分析，后者的拟合优度 $R^2$ 高于后者，说明该时间序列数据特征更符合 Logistic 生长曲线，因此，采用后者进行测度。较为完整的数据是从 1994 年开始统计，时间序列长度为 17 年。为了使数据的拟合精度高，用 SPSS 采用平滑法对木质家具制造业原始数据进行修正。初始参数 $N$ 值采用四点法估计，取 $t$ = 2001、2001、2007 和 2010 四个年份的数据，得到估计值 $N$ = 500836.56(万元)。

线性回归拟合曲线为：

$$Z = 4.587 - 0.191t$$

$$R^2 = 0.979,\ F = 688.173,\ c = e^{4.587} = 98.2,\ a = 0.191$$

由线性回归得出的参数值作为非线性回归的初始值进行非线性拟合，得出参数估计值见表 5-18。

**表 5-18 参数估计值**

| 参数 | 估计 | 标准误差 | 95% 置信区间 | |
|---|---|---|---|---|
| | | | 下限 | 上限 |
| $N$ | 210586.248 | 62801.982 | 75889.392 | 345283.104 |
| $a$ | 0.195 | 0.020 | 0.153 | 0.237 |
| $c$ | 35.851 | 7.358 | 20.070 | 51.632 |

曲线方程为：

$X = \dfrac{210586.248}{1 + 35.851\exp(-0.195t)}$，$t$ = 年份 - 1993，$R^2$ = 0.991，拟合度较高。拟合图如图 5-12，Logistic 模型求解汇总表见表 5-19。

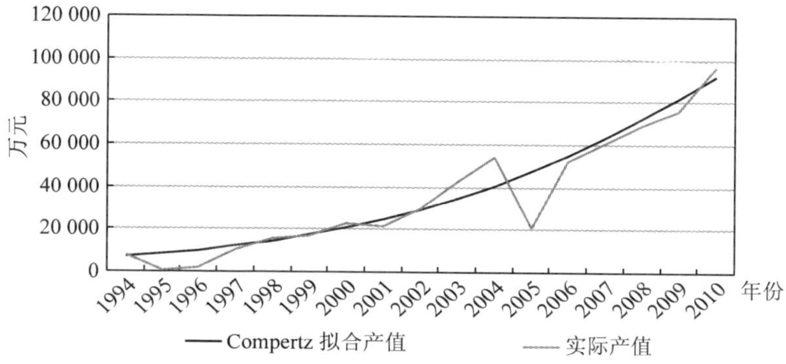


**图 5-12 Logistic 拟合曲线图**

**表 5-19 产业状态变量 Logistic 模型求解汇总表**

| 状态变量 | 拟合曲线方程 | 饱和值 | 拐点值 | 拐点年份 | 发展阶段 |
|---|---|---|---|---|---|
| 产值(万元) | $X=\dfrac{210586.248}{1+35.851\exp(-0.195t)}$ | 210586.248 | 44223.11 | 2003～2004 | 成长期早期 |

2003 年产值为 42271 万元，2003 年产值为 54221 万元，而成长期早期的产值起点为$\dfrac{N}{3+\sqrt{3}}$(约为 21% N)，即为 44223.11 万元，因此可认为 2003～2004 年木质家具制造业已进入成长期早期，2010 年产值为 96268 万元，而成长期后期的产值起点为 0.5$N$，即 105293 万元，可见将要进入成长期后期。木制家具制造业在东北内蒙古国有林区林业第二产业所占的比重较小，但其发展速度较快，近年来各种木制家具由于质量不断提高，性能不断改进，国内外的需求也在增加，特别是家具出口额增长速度较快，以黑龙江为例，家具的出口额占林产品总出口额的比例由 2003 年的 28.66% 增至 2009 年的 62.51%[91]。

### 5.2.9 林业旅游与休闲服务业演进阶段测度

运用 Compertz 生长曲线法和 Logistic 生长曲线法分别分析，前者的拟合优度 $R^2$ 高于后者，说明该时间序列数据特征更符合 Compertz 生长曲线，因此，采用前者进行测度。林业旅游与休闲服务业的产值数据从 1993 年才开始统计，本书将产值 1993～2010 年的数据画出散点图，发现自 1993～2004 年产值快速增长，自 2004 年后产值增长速度变缓，因此，将数据采用平滑法处理后，以2004年为分界点将1993～2010年这18年的数据分为两组动态序列，即第一组为1993～2004年，利用三和值法可以将历年指标值的动态序列分为三段，每段各有4($n=4$)个观察值，即第一段为1993～1996年，第二段为1997～2000年，第三段为2001～2004年；第二组为2005～2010年，利用三和值法可以将历年指标值的动态序列分为三段，每段各有2($n=2$)个观察值，即第一段为2005～2006年，第二段为2007～2008年，第三段为2009～2010年。

首先，运用Excel计算可得第一组动态数列的数据：

$$\sum_1 \ln Y = 20.391, \sum_2 \ln Y = 24.777, \sum_3 \ln Y = 34.088。$$

通过公式5-10计算得：

$$\ln L = 4.121，\ln a = 0.720，b = 1.207。$$

得参数初始值分别为：

$$L = 61.636，a = 2.055，b = 1.207。$$

将上述$L$、$a$、$b$三值作为初始值，用非线性最小二乘法进行精确估计，估计结果见表5-20。

**表5-20 参数估计值**

| 参数 | 估计 | 标准误差 | 95%置信区间 | |
|---|---|---|---|---|
| | | | 下限 | 上限 |
| $L$ | 0.333 | 3.382 | -7.319 | 7.984 |
| $a$ | 224.156 | 2033.719 | -4376.436 | 4824.749 |
| $b$ | 1.056 | 0.062 | 0.917 | 1.195 |

拟合方程为：$Y_t = 0.333 \times 224.156^{1.056^t}$，$t = 1, 2\cdots12$，对应年份为1993，1993…2004年，$R^2 = 0.989$，拟合度较高。由表5-18可得知$L = 0.333$，$\ln a = 5.412$，$b = 1.056$，根据表5-2可得出林业旅游与休闲服务业在1993～2004年处于成长期早期，$L$为成长下限。

其次，运用Excel计算可得第二组动态数列的数据：

$$\sum_1 \ln Y = 20.837, \sum_2 \ln Y = 23.168, \sum_3 \ln Y = 24.494。$$

通过公式5-10计算得：

$$\ln L = 13.119，\ln a = -3.08，b = 0.046。$$

得参数初始值分别为：

$$L=498498.4,\ a=0.513,\ b=0.046。$$

将上述 $L$、$a$、$b$ 三值作为初始值，用非线性最小二乘法进行精确估计，估计结果见表 5-21。

**表 5-21 参数估计值**

| 参数 | 估计 | 标准误差 | 95% 置信区间 | |
|---|---|---|---|---|
| | | | 下限 | 上限 |
| $L$ | 465167.954 | 18511.604 | 406255.770 | 524080.139 |
| $a$ | 0.017 | 0.001 | 0.015 | 0.019 |
| $b$ | 0.743 | 0.007 | 0.719 | 0.766 |

拟合方程为：$Y_t=465167.954\times0.017^{0.743^t}$，$t=1,2\cdots6$，对应年份为 2004，2005…2010 年，$R^2=0.999$，拟合度较高。由表 5-21 可得知 $L=465167.954$，$\ln a=-4.075$，$b=0.743$，根据表 5-2 可得知林业旅游与休闲服务业正处于成长期后期，$L$ 值为增长上限。整个时间序列的拟合图如图 5-13。

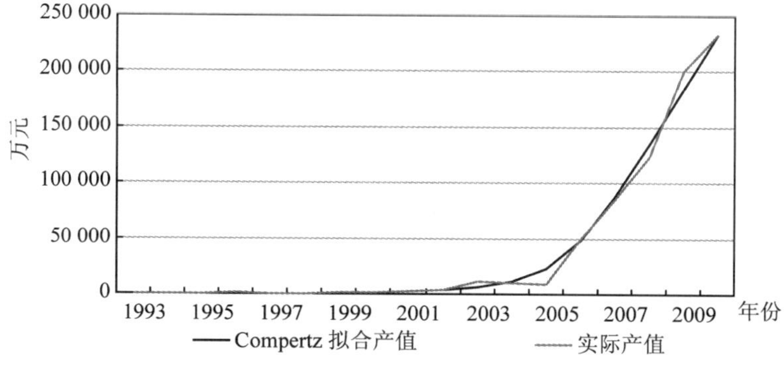


**图 5-13 Compertz 拟合曲线图**

东北内蒙古国有林区有着丰富、独特的森林景观资源，可谓是“林海浩瀚、碧波万顷”，但受到单纯采伐利用木材的森林经营方式的制约，森林景观资源没有得到应有的重视。随着森林生态环境功能和森林资源综合利用开发逐步被重视，从 20 世纪末逐步开发利用森林景观资源发展森林旅游业，依托优美的景观资源开展旅游，因而，林业旅游与休闲服务业发展在2000年后发展速度较快，1999年东北内蒙古国有林区森林公园总数只有6处，2010年森林公园总数则增至59处；1999年森林公园总面积只有80.18万 $hm^2$，2010年则增至194.93万 $hm^2$；1999年旅游人次只有16.49万人次，2010年则增至278万人次，发展速度可见一斑。分析原因主要是由于我国森林资源经营目的的转变以及人们对森林生态产品需求的增加引起的，即依托优美的景观资源开展旅游，既满足了游客走进大自然，欣赏景观资源的需求，又可以在保护森林资源获得生态效益的前提下获得了经济效益，因此森林景观资源的开发利用受到越来越多的关注，林业旅游与休闲服务业呈现出很好的发展势头。

## 5.3 实证分析结果

通过对林业产业及其亚产业生命周期的测度，主要得出以下结论：

### 5.3.1 林业产业亚产业的演进规律很好地诠释了林业产业演进的规律

自新中国成立初期至20世纪80年代中期以木材采伐为主的森林工业得到了快速的发展，由形成期逐渐进入到快速成长期，而自20世纪80年代中后期由于森林资源数量减少及质量下降，木材采运业的增长速度变得缓慢，特别是在1998年实施天保工程之后，木材产量急剧减少，与此同时，森林资源培育业、木材加工业、森林旅游等产业部门虽然有了一定发展，但给林业产业带来的增长效应并不明显，使林业产业成长速度变得缓慢，直至21世纪前期林业产业增长达到了资源供给水平下最大限度，林业产业发展已达到成熟期后期，按照产业演进的规律林业产业将在21世纪初进入衰退期，但产业的发展受诸多因素的影响，有可能在即将走入衰退的时候迎来下一成长周期，东北内蒙古国有林区林业产业就是其中一个典例，在2001年之后森林资源培育业、人造板加工业、木制品制造业、家具制造业、森林旅游等产业经历了十几年的成长发展速度较快，给林业产业的发展带来了很强的增长效应，使林业产业在资源短缺的情况下进入到了下一个产业成长期周期，并且可通过拟合方程预测，东北内蒙古国有林区林业产业将保持较好地增长势头在21世纪中叶进入成熟期，可见，林业产业还有很大的增长空间。

### 5.3.2 林业产业演进遵循产业演进的规律

一般产业演进的规律可以归纳为：产业结构的发展顺着第一、第二、第三产业占优势地位顺向递进的方向演进；产业的发展顺着劳动密集型产业、资本密集型产业、技术密集型产业分别占优势地位顺向递进的方向演进；产业的发展顺着低附加值产业向高附加值产业方向演进；产业的发展顺着低加工度产业占优势地位向高加工度产业占优势地位方向演进。

林业产业的演进遵循产业演进的规律，具体分析如下：

(1)林业产业比重由第一产业占优势地位向第二产业占优势地位方向演变。

通过4.1.2.1对林业产业结构的分析可知：林业产业第一产业由1987年的86.01%降至2010年的48.67%，第二产业由1987年的13.98%增至2010年的41.53%，第三产业由1987年的0.01%增至2010年的9.80%，且最近几年增长较快，说明森林旅游业表现出了强劲的增长势头。可见，第一产业的比重总体呈减小趋势，第二产业的比重总体呈增加趋势，第三产业的比重略有上升，符合产业结构演进的规律，随着二期天保工程的实施木材产量的减少及处于产业成长期的人造板、木制品、家具制造业、森林旅游业的大发展，林业第一产业所占的比重将继续下降，第二、三产业比重将会继续上升，且第二产业仍将继续保持优势地位。

(2)林业产业由以劳动密集型产业为主导向以资本密集型、技术密集型产业为主导方向演进。

如图5-14，根据产业所处生命周期的阶段不同，一般将处于形成期的产业认为是幼小产业，处于成长期的产业作为主导产业培育，处于成熟期的产业作为支柱产业来培育，处于衰退期的产业则应采取相应产业政策使之或是“起死回生”，或是退出市场。林业诸多亚产业所处的阶段如下图所示，木材采运业、锯材木片加工业处于产业生命周期的衰退期，林木培育与种植业、经济林产品种植与采集业、人造板加工业、木制品制造业、木质家具制造业、林业旅游与休闲服务业处于产业生命周期的成长期。

国内外许多学者认为林业属于劳动密集型产业，即林业产业的生产活动主要依靠大量劳动力，而对技术和设备的依赖程度则较低[92]。但随着技术进步和新工艺设备的应用，劳动密集型产业的技术、资本密集度也在提高，并将逐步从劳动密集型产业中分化出去。而对于东北内蒙古国有林区而言，林业产业大都属于劳动密集型产业，但随着技术进步及新工艺的设备的应用，林业产业的资本及技术的密集程度也在不断提高。劳动密集程度较高的木材采运业、锯材木片加工业已处于衰退期，其主导地位被资本、技术密集程度略高且正处于产业成长期的人造板加工业、木制品制造业、木制家具制造业所代替，符合产业演进的规律。

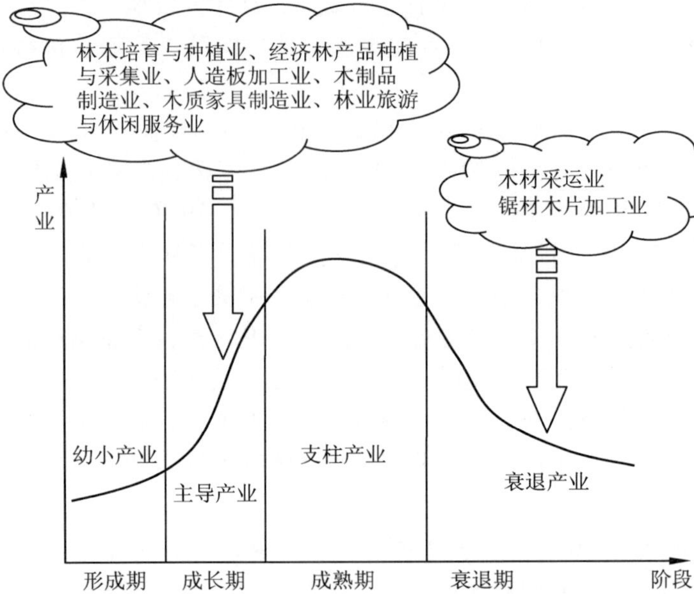


**图 5-14　产业生命周期阶段**

(3)林业产业由以低附加值、低加工度产业为主导向以高附加值、高加工度产业为主导方向演进。

处于衰退期的木材采运业、锯材木片加工业属于低附加值、低加工度产业部门，产业的利润率较低，林业企业的利润空间较小；而处于成长期的人造板加工业、木制品制造业、木制家具制造业则属于高附加值、高加工度产业部门，特别是高档家具及木制品制造业其利润率较高，发展空间巨大，近几年在国际市场上有一定的产业竞争力，林业产业优势地位的更迭，符合产业演进的规律。

## 5.4 本章小结

本章根据产业所处不同阶段表现出的不同特征定性判断出东北内蒙古国有林区正处于成长期，并运用 Logistic 生长曲线法和 Compertz 生长曲线法定量的深入的对林区林业产业演进进行识别。首先，对林业产业所处的生命周期进行识别，认为林业产业经历前一周期的成熟期后又迎来了下一周期的成长期，发展速度较快；然后，对亚产业所处的产业发展阶段进行测度，认为木材采运业、锯材木片加工业处于衰退期，林木培育与种植业、经济林产品种植与采集业、人造板加工业、木制品制造业、木制家具制造业、林业旅游与休闲服务业正处于的成长期，可将其作为主导产业培育，并根据林业产业亚产业的演进规律诠释了林业产业演进的特征；最后，具体分析了林业产业及其亚产业的演进遵循产业演进的规律。

# 6

# 东北内蒙古国有林区林业产业演进影响因素分析

对东北内蒙古国有林区林业产业演进阶段的测度，诠释出东北内蒙古国有林区林业产业演进的基本路径。本章将运用多元线性回归模型，依据林业产业演进的基本动因分析其演进的影响因素及起主导作用因素对林业产业演进推动作用的具体程度。

## 6.1 指标选取原则

由于影响因素很多，受篇幅和多方面因素的影响，将全部影响因素均纳入分析模型中是不可能的，为此，指标的选取应遵循一定的原则，东北内蒙古国有林区林业产业应遵循的原则如下：

(1)科学性原则。就是要求指标的设计必须遵循林业产业及其演进与发展的特点，各影响因素及变量对产业演进有直接作用，指标的定义，数据收集均真实、可靠、规范，分析方法的选择应科学、有针对性。

(2)全面性原则。林业产业演进受技术创新、供给因素、需求因素、政策及制度、国际因素等多方面的影响，在选取指标时应全面考虑每一方面因素，这样对充分认清林业产业演进及发展的全貌和规律有重要意义。

(3)主要性原则。影响产业演进的每一方面的因素可以分解为若干个变量指标，受篇幅所限，只能选择主要变量进行分析，而这可以根据研究目的和各影响变量的影响范围和程度大小进行取舍。

(4)数据可获性原则。影响林业产业的演进变量指标有若干个，但有些数据的获取困难，准确性不佳，因此指标的选取应从实际出发，概念清晰、计算方法简便、获取成本低、实用性和可操作性强。

## 6.2　指标选择及数据来源

### 6.2.1　指标选择

在本书的第三章阐述了林业产业演进的五大动力因素，现将五大方面因素、具体变量及刻画指标做一整体描述，见表6-1。

**表6-1　林业产业演进影响因素及刻画指标一览表**

| 动力因素 | 变量 | 刻画指标 |
|---|---|---|
| 技术创新 | 科学技术 | 科技成果数、劳动生产率、万元GDP能耗 |
| 供给因素 | 自然资源 | 森林蓄积、活立木蓄积、林地面积、森林覆盖率 |
| | 劳动力 | 年末从业人员数、年末在岗职工数、长期职工数、临时职工数 |
| | 人力资本 | 大专以上学历人数、专业技术人员数 |
| | 物质资本 | 固定资产投资额、固定资产投资完成额、营林固定资产投资、森工固定资产投资 |
| 需求因素 | 消费需求 | 产品价格、人口数量、人均收入、人均GDP |
| 国际因素 | 国际投资 | 外国直接投资额、外国投资额 |
| | 国际贸易 | 林产品出口额、林产品进口额 |
| 政策及制度 | 产权制度 | 国有产权所占比重、私有产权所占比重 |
| | 林业政策 | 林业重点工程投资额、人员安置数 |

依据6.1指标选取的原则并结合东北内蒙古国有林区的实际情况，本书选取以下指标：

(1)反映林业产业演进的指标：林业产业总产值$y$(万元)；

(2)反映科学技术水平的指标：全员劳动生产率$x_1$[元/(人·年)]；

(3)反映自然资源供给状况的指标：林地面积$x_2$($hm^2$)；

(4)反映劳动力供给状况的指标：从业人员在岗人数$x_3$(人)；

(5)反映人力资本供给状况的指标：专业技术人员数 $x_4$(人)；

(6)反映物质资本供给状况的指标：固定资产投资完成额 $x_5$(万元)；

(7)反映消费水平的指标：人均收入 $x_6$(元)；

(8)反映制度因素的指标：工业总产值中国有经济所占比重 $x_7$(%)。

**表 6-2 东北内蒙古国有林区 1987 ~ 2010 年林业产业总产值及各影响因素指标值**

| 年份 | $y$ | $x_1$ | $x_2$ | $x_3$ | $x_4$ | $x_5$ | $x_6$ | $x_7$ |
|---|---|---|---|---|---|---|---|---|
| 1987 | 590919 | 3645 | 7440 | 842254 | 122066 | 76480 | 1869 | 96.30 |
| 1988 | 648682 | 3884 | 7440 | 840967 | 131401 | 77852 | 2072 | 96.10 |
| 1989 | 692615 | 3998 | 6475 | 837916 | 137363 | 63809 | 2154 | 95.80 |
| 1990 | 694231 | 4187 | 6475 | 839259 | 139877 | 65566 | 2239 | 94.20 |
| 1991 | 706756 | 4298 | 6475 | 840602 | 144931 | 67322 | 2341 | 93.50 |
| 1992 | 724235 | 4448 | 6475 | 841945 | 147710 | 69079 | 2459 | 92.80 |
| 1993 | 1009530 | 6616 | 6475 | 836003 | 144138 | 73753 | 3025 | 92.50 |
| 1994 | 1088762 | 6373 | 6229 | 954991 | 164654 | 87327 | 2718 | 91.18 |
| 1995 | 1070635 | 7002 | 6229 | 871174 | 164372 | 91712 | 3354 | 91.53 |
| 1996 | 1178519 | 7279 | 6229 | 816157 | 163231 | 96796 | 3139 | 87.18 |
| 1997 | 1362113 | 7619 | 6229 | 821956 | 185199 | 47037 | 4099 | 86.83 |
| 1998 | 1241942 | 8292 | 6229 | 667086 | 162805 | 191676 | 4270 | 84.97 |
| 1999 | 1266535 | 5487 | 6143 | 681491 | 167295 | 172517 | 4043 | 83.29 |
| 2000 | 1278736 | 6975 | 6143 | 625557 | 166346 | 355109 | 4067 | 78.32 |
| 2001 | 1257060 | 8920 | 6143 | 547662 | 146982 | 482972 | 4345 | 79.44 |
| 2002 | 1312679 | 8288 | 6143 | 496011 | 139504 | 521127 | 4671 | 74.15 |
| 2003 | 1560675 | 13239 | 6143 | 524528 | 139489 | 397228 | 5429 | 73.81 |
| 2004 | 1711922 | 6250 | 7236 | 500129 | 138796 | 338414 | 5043 | 59.36 |
| 2005 | 1935953 | 9206 | 7236 | 472700 | 135485 | 335635 | 5501 | 46.44 |
| 2006 | 1879030 | 7588 | 7236 | 436054 | 126876 | 363569 | 6420 | 42.19 |
| 2007 | 2287883 | 10568 | 7236 | 422511 | 128854 | 555587 | 8399 | 27.39 |
| 2008 | 2432932 | 8502 | 7236 | 370723 | 123574 | 736717 | 9949 | 23.12 |
| 2009 | 2471292 | 13795 | 7428 | 355819 | 122696 | 1036105 | 11620 | 19.98 |
| 2010 | 2865579 | 15048 | 7428 | 364395 | 127858 | 1390933 | 13661 | 16.64 |

注：2008 ~2010 年指标 $x_4$、$x_7$ 缺省值参阅其他统计资料及文献，采用经验判别法得出。

### 6.2.2 数据来源

上述指标数据均来自于东北内蒙古国有林区 1987 ~ 2010 年林业统计资料，其中 1987 ~ 1996 的数据来源于 1987 ~ 1996《全国林业统计资料》[93]，1997 年数据来自于 1997《中国林业统计资料》[94]，1998 ~ 2010 的数据来源于 1998 ~ 2010《中国林业统计年鉴》[95]。

## 6.3 影响因素实证分析

### 6.3.1 方法的选择

回归分析方法是计量经济分析中的一个研究变量之间相关关系的重要方法。“相关关系是不确定一种关系，是因为变量中有随机变量，研究一个随机变量与一些普通变量(自变量)之间的相互关系的统计方法称回归分析。只有一个自变量的回归分析叫一元回归分析，多于一个自变量的回归分析叫做多元回归分析。”回归模型是经济学中进行经验分析时使用得非常广泛的一个工具，可以用它来描述一个或多个自变量与因变量间的相互依存的数量关系，分析某些自变量对因变量的发生、发展及预后的影响程度[96]。“一元线性回归模型研究一个应变量与一个自变量之间关系。假设对于 $x$(在某一个区间内)的每一个值有 $Y = N(a + bx, \partial^2)$，即：$Y = a + bx + \varepsilon$，$\varepsilon \sim N(0, \partial^2)$，其中 $a$、$b$、$\partial^2$ 都不依赖于 $x$ 的未知参数”。

多元线性回归模型研究一个因变量与多个自变量之间的关系。“其通用形式为：$y_t = f(x_1 + x_2 + \cdots + x_n) = b_1x_1 + b_2x_2 + \cdots + b_nx_n + \varepsilon$，其中，$y$ 为因变量或被解释变量，$x_1$、$x_2 \cdots x_n$ 为自变量或解释变量。函数 $y = f(x_1 + x_2 + \cdots + x_n)$ 通常被称为 $y$ 对 $x_1$、$x_2 \cdots x_n$ 的总体回归函数。在此背景下，$y$ 为回归因子，$x_1$、$x_2 \cdots x_n$ 为回归元或协变量。$\varepsilon$ 为随机干扰项。”

在进行回归分析和结构方程模型检验之前，需要先对各变量进行相关性分析。相关性分析是对研究假设的初步检验，一般来说，假设中自变量和因变量之间应该具有较高的相关性，并且相关系数应具有统计意义，而自变量之间不应该显示出较强的相关性，即自变量之间的相关程度不应高于自变量与因变量之间的相关程度[97]。

多元线性回归的一般条件为：

(1)服从正态分布，即指：随机误差 $\varepsilon$ 必须是服从正太分布的随机变量。

(2)无偏性假设，即指：期望值为0。

(3)同共方差性假设，即指，所有的随机误差变量方差都相等。

(4)独立性假设，即指：所有的随机误差变量都相对独立，即不存在多重共线性。

因此，对多元线性回归模型进行显著性检验及多重共线性判别十分必要。另外建立多元性回归模型时，为了保证回归模型具有优良的解释能力和预测效果，应首先注意自变量的选择，其准则是：

(1)自变量对因变量必须有显著的影响，并呈密切的线性相关；

(2)自变量与因变量之间的线性相关必须是真实的，而不是形式上的；

(3)自变量之间应具有一定的互斥性，即自变量之间的相关程度不应高于自变量与因变量之因的相关程度；

(4)自变量应具有完整的统计数据，其预测值容易确定。

### 6.3.2 回归模型的构建及检验

第 5 章对林业产业演进阶段进行了测度，得出东北内蒙古国有林区林业产业在 2001 年处于成熟期，2001 年后处于下一生命周期的成长期，在产业所处的不同阶段，影响因素对其作用也是不同的，在此，将以 2001 年为拐点分别研究林业产业演进处于成熟期及成长期的影响因素及其对产业演进的作用程度。

#### 6.3.2.1 成熟期回归模型构建及检验

在进行回归分析和结构方程模型检验之前，需要先对各变量进行相关性分析。相关性分析是对研究假设的初步检验，一般来说，假设中自变量和因变量之间应该具有较高的相关性，并且相关系数应具有统计意义，而自变量之间不应该显示出较强的相关性，自变量之间应具有一定的互斥性，即自变量之间的相关程度不应高于自变量与因变量之因的相关程度。将 1987 ~ 2001 年各变量值进行相关分析，得到林业产业产值和各个影响因素之间的相关系数及其显著性程度，见表 6-3。

**表 6-3　相关性系数**

| | | $y$ | $x_1$ | $x_2$ | $x_3$ | $x_4$ | $x_5$ | $x_6$ | $x_7$ |
|---|---|---|---|---|---|---|---|---|---|
| $y$ | Pearson 相关性 | 1 | 0.897** | -0.751** | -0.537* | 0.863** | 0.521* | 0.945** | -0.867** |
| | 显著性（双侧） | | 0.000 | 0.001 | 0.039 | 0.000 | 0.046 | 0.000 | 0.000 |
| | N | 15 | 15 | 15 | 15 | 15 | 15 | 15 | 15 |
| $x_1$ | Pearson 相关性 | 0.897** | 1 | -0.681** | -0.530* | 0.681** | 0.586* | 0.878** | -0.775** |
| | 显著性（双侧） | 0.000 | | 0.005 | 0.042 | 0.005 | 0.022 | 0.000 | 0.001 |
| | N | 15 | 15 | 15 | 15 | 15 | 15 | 15 | 15 |
| $x_2$ | Pearson 相关性 | -0.751** | -0.681** | 1 | 0.353 | -0.774** | -0.372 | -0.711** | 0.671** |
| | 显著性（双侧） | 0.001 | 0.005 | | 0.197 | 0.001 | 0.172 | 0.003 | 0.006 |
| | N | 15 | 15 | 15 | 15 | 15 | 15 | 15 | 15 |
| $x_3$ | Pearson 相关性 | -0.537* | -0.530* | 0.353 | 1 | -0.178 | -0.893** | -0.733** | 0.835** |
| | 显著性（双侧） | 0.039 | 0.042 | 0.197 | | 0.525 | 0.000 | 0.002 | 0.000 |
| | N | 15 | 15 | 15 | 15 | 15 | 15 | 15 | 15 |
| $x_4$ | Pearson 相关性 | 0.863** | 0.681** | -0.774** | -0.178 | 1 | 0.143 | 0.754** | -0.631* |
| | 显著性（双侧） | 0.000 | 0.005 | 0.001 | 0.525 | | 0.612 | 0.001 | 0.012 |
| | N | 15 | 15 | 15 | 15 | 15 | 15 | 15 | 15 |
| $x_5$ | Pearson 相关性 | 0.521* | 0.586* | -0.372 | -0.893** | 0.143 | 1 | 0.657** | -0.825** |
| | 显著性（双侧） | 0.046 | 0.022 | 0.172 | 0.000 | 0.612 | | 0.008 | 0.000 |
| | N | 15 | 15 | 15 | 15 | 15 | 15 | 15 | 15 |
| $x_6$ | Pearson 相关性 | 0.945** | 0.878** | -0.711** | -0.733** | 0.754** | 0.657** | 1 | -0.917** |
| | 显著性（双侧） | 0.000 | 0.000 | 0.003 | 0.002 | 0.001 | 0.008 | | 0.000 |
| | N | 15 | 15 | 15 | 15 | 15 | 15 | 15 | 15 |
| $x_7$ | Pearson 相关性 | -0.867** | -0.775** | 0.671** | 0.835** | -0.631* | -0.825** | -0.917** | 1 |
| | 显著性（双侧） | 0.000 | 0.001 | 0.006 | 0.000 | 0.012 | 0.000 | 0.000 | |
| | N | 15 | 15 | 15 | 15 | 15 | 15 | 15 | 15 |

注：** 在 0.01 水平（双侧）上显著相关。* 在 0.05 水平（双侧）上显著相关。

由表 6-3 可知，因变量与各自变量之间均存在着显著相关关系，相关系数最小值为 0.51，最大值为 0.945；而各自变量之间的相关系数最小值为0.143，最大值为0.917，显然，自变量之间的相关程度不高于自变量与因变量之因的相关程度，具有统计学意义，符合多元线性回归分析的条件。

相关分析的结果反映了林业产业演进与各个影响因素之间的相关关系，为了深入准确地分析各影响因素对林业产业演进的影响，本书运用SPSS软件，对样本数据采用逐步回归法进行分析，这样可以有效减小自变量之间的多重共线性，使回归结果能够真实反映自变量与因变量之间的关系。采用逐步回归法进行分析时，进入回归模型的判别条件是变量的 $F$ 值的概率小于或等于0.05，如果变量的 $F$ 值的概率大于或等于0.1，那么这个变量就从模型中剔除，表6-4、表6-5反映了筛选变量的过程。

**表6-4　输入/移去的变量**

| 模型 | 输入的变量 | 移去的变量 | 方法 |
| --- | --- | --- | --- |
| 1 | 人均收入 $x_6$ | | 步进（准则：F-to-enter 的概率 <= 0.050，F-to-remove 的概率 >=0.100）。 |
| 2 | 从业人员在岗人数 $x_3$ | | 步进（准则：F-to-enter 的概率 <= 0.050，F-to-remove 的概率 >=0.100）。 |
| 3 | 国有经济所占比重 $x_7$ | | 步进（准则：F-to-enter 的概率 <= 0.050，F-to-remove 的概率 >=0.100）。 |

**表6-5　已排除的变量**

| 模型 | | Beta In | t | Sig. | 偏相关 | 共线性统计量 | | |
| --- | --- | --- | --- | --- | --- | --- | --- | --- |
| | | | | | | 容差 | VIF | 最小容差 |
| 1 | 林地面积 $x_2$ | -0.160[a] | -10.268 | 0.229 | -0.344 | 0.495 | 20.021 | 0.495 |
| | 从业人员在岗人数 $x_3$ | 0.336[a] | 30.386 | 0.005 | 0.699 | 0.463 | 20.160 | 0.463 |
| | 固定资产投资完成额 $x_5$ | -0.176[a] | -10.533 | 0.151 | -0.405 | 0.568 | 10.760 | 0.568 |
| | 专业技术人员数 $x_4$ | 0.348[a] | 30.383 | 0.005 | 0.699 | 0.432 | 20.316 | 0.432 |
| | 全员劳动生产率 $x_1$ | 0.292[a] | 10.632 | 0.129 | 0.426 | 0.229 | 40.376 | 0.229 |
| | 国有经济所占比重 $x_7$ | -0.004[a] | -0.019 | 0.985 | -0.005 | 0.160 | 60.254 | 0.160 |
| 2 | 林地面积 $x_2$ | -0.052[b] | -0.490 | 0.634 | -0.146 | 0.433 | 20.307 | 0.229 |
| | 固定资产投资完成额 $x_5$ | 0.191[b] | 10.306 | 0.218 | 0.366 | 0.202 | 40.946 | 0.165 |
| | 专业技术人员数 $x_4$ | 0.189[b] | 10.007 | 0.336 | 0.291 | 0.129 | 70.729 | 0.062 |
| | 全员劳动生产率 $x_1$ | 0.142[b] | 0.935 | 0.370 | 0.271 | 0.201 | 40.985 | 0.129 |
| | 国有经济所占比重 $x_7$ | -0.545[b] | -30.693 | 0.004 | -0.744 | 0.102 | 90.786 | 0.102 |

（续）

| 模型 | | Beta In | t | Sig. | 偏相关 | 共线性统计量 | | |
|---|---|---|---|---|---|---|---|---|
| | | | | | | 容差 | VIF | 最小容差 |
| 3 | 林地面积 $x_2$ | 0.056 | 0.704 | 0.498 | 0.217 | 0.372 | 20.689 | 0.088 |
| | 固定资产投资完额 $x_5$ | -0.023 | -0.180 | 0.861 | -0.057 | 0.144 | 60.935 | 0.073 |
| | 专业技术人员 $x_4$ | -0.191 | -10.150 | 0.277 | -0.342 | 0.078 | 120.790 | 0.056 |
| | 全员劳动生产率 $x_1$ | 0.114 | 10.093 | 0.300 | 0.327 | 0.200 | 50.012 | 0.088 |

a. 模型中的预测变量：（常量），国有经济所占比重。

b. 模型中的预测变量：（常量），国有经济所占比重，人均收入。

c. 模型中的预测变量：（常量），国有经济所占比重，人均收入，从业人员在岗人数。

最先进入模型的自变量与因变量相关性最强，按照进入模型的先后顺序，与因变量的相关程度依次是人均收入 $x_6$、从业人员在岗人数 $x_3$、国有经济所占比重 $x_7$。模型3最后排出的自变量为林地面积 $x_2$、固定资产投资完成额 $x_5$、专业技术人员数 $x_4$、全员劳动生产率 $x_1$，说明其对林业产业演进的作用不显著，从模型中剔除。

**表 6-6 模型汇总[d]**

| 模型 | R | R 方 | 调整 R 方 |
|---|---|---|---|
| 1 | 0.945[a] | 0.893 | 0.885 |
| 2 | 0.972[b] | 0.945 | 0.936 |
| 3 | 0.988[c] | 0.976 | 0.969 |

a. 预测变量：（常量），人均收入 $x_6$。

b. 预测变量：（常量），人均收入 $x_6$，从业人员在岗人数 $x_3$。

c. 预测变量：（常量），人均收入 $x_6$，从业人员在岗人数 $x_3$，国有经济所占比重 $x_7$。

d. 因变量：林业总产值 $y$。

**表 6-7 方差分析[d]**

| 模型 | | 平方和 | df | 均方 | F | Sig. |
|---|---|---|---|---|---|---|
| 1 | 回归 | 9.711E11 | 1 | 9.711E11 | 108.279 | 0.000[a] |
| | 残差 | 1.166E11 | 13 | 8.969E9 | | |
| | 总计 | 1.088E12 | 14 | | | |

（续）

| 模型 | | 平方和 | df | 均方 | F | Sig. |
|---|---|---|---|---|---|---|
| 2 | 回归 | 1.028E12 | 2 | 5.140E11 | 103.442 | 0.000[b] |
| | 残差 | 5.963E10 | 12 | 4.969E9 | | |
| | 总计 | 1.088E12 | 14 | | | |
| 3 | 回归 | 1.061E12 | 3 | 3.537E11 | 146.125 | 0.000[c] |
| | 残差 | 2.663E10 | 11 | 2.421E9 | | |
| | 总计 | 1.088E12 | 14 | | | |

a. 预测变量：（常量），人均收入 $x_6$。

b. 预测变量：（常量），人均收入 $x_6$，从业人员在岗人数 $x_3$。

c. 预测变量：（常量），人均收入 $x_6$，从业人员在岗人数 $x_3$，国有经济所占比重 $x_7$。

d. 因变量：林业总产值 $y$

由表6-6可以看出，模型3的拟合优度 $R^2$0.976高于模型1和模型2，说明模型3的解释力更强。由表6-7可以看“模型3”中的“回归平方和”为1.061E12，“残差平方和”为2.663E10，由于总平方和 = 回归平方和 + 残差平方和，由于残差平方和（即指随即误差，不可解释的误差）由回归平方和/残差平方为0.98，即模型3自变量对因变量的解释力达98%。“F统计量”的概率值为0.00，由于 $0.00 < 0.01$，随着“自变量”的引入，其显著性概率值均远小于0.01，所以可以显著地拒绝总体回归系数为0的原假设，通过ANOVA方差分析表可以看出林业总产值与人均收入 $x_6$，从业人员在岗人数 $x_3$、国有经济所占比重 $x_7$ 之间存在着线性关系，至于线性关系的强弱，需要进一步进行分析。

**表6-8 系数[a]**

| 模型 | | 标准系数 | t | Sig. | 共线性统计量 | |
|---|---|---|---|---|---|---|
| | | | | | 容差 | VIF |
| 1 | 人均收入 $x_6$ | 0.945 | 10.406 | 0.000 | 1.000 | 1.000 |
| 2 | 人均收入 $x_6$ | 1.191 | 11.993 | 0.000 | 0.463 | 2.160 |
| | 从业人员在岗人数 $x_3$ | 0.336 | 3.386 | 0.005 | 0.463 | 2.160 |
| 3 | 人均收入 $x_6$ | 0.833 | 6.982 | 0.000 | 0.156 | 6.395 |
| | 从业人员在岗人数 $x_3$ | 0.529 | 6.097 | 0.000 | 0.296 | 3.380 |
| | 国有经济所占比重 $x_7$ | -0.545 | -3.693 | 0.004 | 0.102 | 9.786 |

a. 因变量：林业总产值 $y$

原始数据由于量纲不同，在进行多元线性回归前先将其进行标准变化处理，得出标准系数见表6-8，得多元线性回归方程为：

$$y = 0.833x_6 + 0.529x_3 - 0.545x_7$$

由于原始数据已经标准化，所以回归方程中没出现常数项 $\varepsilon$ ，人均收入 $x_6$、从业人员在岗人数 $x_3$、国有经济所占比重 $x_7$ 的弹性系数分别为0.833、0.529、-0.545，三者对因变量的影响程度依次减弱，且人均收入 $x_6$、从业人员在岗人数 $x_3$ 与林业产业总产值呈正向关系，即人均收入、从业人员在岗人数增加，能够引起林业产业总产值的增加，说明劳动力的供给及消费需求的增加推动了林业产业的演进；而国有经济所占比重 $x_7$ 与林业产业总产值呈负向关系，即国有经济所占比重减少能够引起林业产业总产值增加，说明林业经济体制改革，即民营等其他非国有经济的出现推动了东北内蒙古国有林区林业产业的演进，产权高度国有化对林业产业的演进及发展没有起到推动作用，而是反作用。

图6-1为回归标准化残差图，从图可以得知大部分自变量的残差基本服从正态分布，符合多元线性回归的条件，进一步说明回归方程的合理性及有效性。

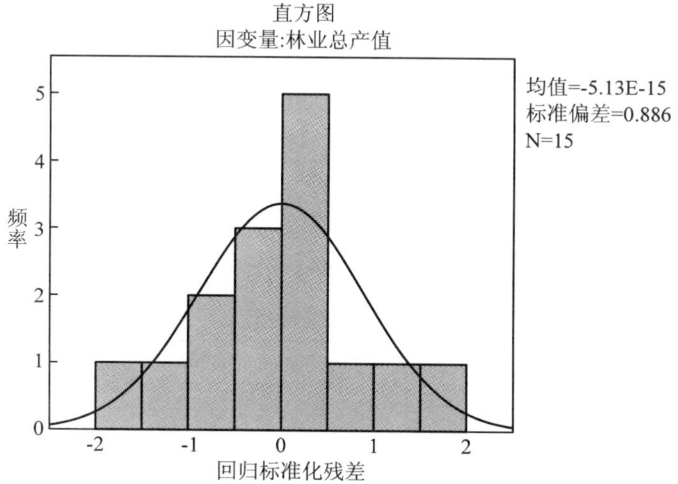


**图6-1　回归标准化残差图**

在进行多元线性回归时必不可少的步骤是对自变量进行共线性检验，如果有两个或两个以上的自变量之间存在线性相关关系，就会产生多重共线性现象，严重的多重共线性会使回归系数的估计值估计不准确，很容易引起误导或者导致错误的结论。判断是否存在严重共线性的方法有三种：

(1)当模型的拟合优度(可决系数 $R^2$)很高，$F$ 值很高，而每个回归参数估计值的方差 $Var(\beta_j)$ 又非常大，即$|t|$值很低(小于 2)时，说明解释变量间存在多重共线性。

(2) Klein 判别法。计算多重可决系数 $R^2$ 及解释变量间的简单相关系数 $r_{xi\,xj}$。若有某个$|r_{xi\,xj}| > R^2$，则 $x_i$，$x_j$间的多重共线性是有害的[98]。

(3)方差膨胀因子(VIF)判别法。容许度 $TOL = 1 - R_i^{\ 2}$，方差膨胀因子(VIF)，$TOL = 1/1 - R_i^{\ 2}$，其中 $R_i^{\ 2}$ 是用其他自变量预测第 $i$ 个变量的复相关系数，显然，VIF 为 TOL 的倒数，TOL 的值越小，VIF 的值越大，自变量 $x_i$ 与其他自变量之间存在共线性的可能性越大。一般建议，若 VIF >10，表明模型中有很强的共线性问题[99]。虽然此方法判断出自变量之间存在多重共线性问题，而运用方法(1)或(2)判断其不存在多重共线性问题时，一般视为各自变量之间不存在有害多重共线性，可不予处理。

可决系数 $R^2$ 大于表 6-1 所示的各自变量之间的相关系数$|r_{xi\,xj}|$，由表 6-8可知，$|t|$均大于 2，VIF 均小于 10，因此，可以判定各自变量之间不存在很强的共线性，再次检验了回归模型的有效性及合理性。

#### 6.3.2.2 成长期回归模型构建及检验

将 2002 ~ 2010 年各变量值进行相关分析，得林业产业产值和各个影响因素之间的相关系数及其显著性程度，见表 6-9。

**表 6-9 相关性系数**

| | | $y$ | $x_1$ | $x_2$ | $x_3$ | $x_4$ | $x_5$ | $x_6$ | $x_7$ |
|---|---|---|---|---|---|---|---|---|---|
| $y$ | Pearson 相关性 | 1 | 0.548 | 0.773* | −0.916** | −0.812** | 0.814** | 0.948** | −0.962** |
| | 显著性(双侧) | | 0.126 | 0.015 | 0.001 | 0.008 | 0.008 | 0.000 | 0.000 |
| | N | 9 | 9 | 9 | 9 | 9 | 9 | 9 | 9 |
| $x_1$ | Pearson 相关性 | 0.548 | 1 | 0.042 | −0.423 | −0.286 | 0.731* | 0.680* | −0.386 |
| | 显著性(双侧) | 0.126 | | 0.915 | 0.257 | 0.455 | 0.025 | 0.044 | 0.305 |
| | N | 9 | 9 | 9 | 9 | 9 | 9 | 9 | 9 |

（续）

| | | $y$ | $x_1$ | $x_2$ | $x_3$ | $x_4$ | $x_5$ | $x_6$ | $x_7$ |
|---|---|---|---|---|---|---|---|---|---|
| $x_2$ | Pearson 相关性 | 0.773* | 0.042 | 1 | -0.714* | -0.707* | 0.399 | 0.599 | -0.844** |
| | 显著性(双侧) | 0.015 | 0.915 | | 0.031 | 0.033 | 0.287 | 0.088 | 0.004 |
| | N | 9 | 9 | 9 | 9 | 9 | 9 | 9 | 9 |
| $x_3$ | Pearson 相关性 | -0.916** | -0.423 | -0.714* | 1 | 0.941** | -0.798** | -0.923** | 0.954** |
| | 显著性(双侧) | 0.001 | 0.257 | 0.031 | | 0.000 | 0.010 | 0.000 | 0.000 |
| | N | 9 | 9 | 9 | 9 | 9 | 9 | 9 | 9 |
| $x_4$ | Pearson 相关性 | -0.812** | -0.286 | -0.707* | 0.941** | 1 | -0.586 | -0.787* | 0.911** |
| | 显著性(双侧) | 0.008 | 0.455 | 0.033 | 0.000 | | 0.097 | 0.012 | 0.001 |
| | N | 9 | 9 | 9 | 9 | 9 | 9 | 9 | 9 |
| $x_5$ | Pearson 相关性 | 0.814** | 0.731* | 0.399 | -0.798** | -0.586 | 1 | 0.942** | -0.705* |
| | 显著性(双侧) | 0.008 | 0.025 | 0.287 | 0.010 | 0.097 | | 0.000 | 0.034 |
| | N | 9 | 9 | 9 | 9 | 9 | 9 | 9 | 9 |
| $x_6$ | Pearson 相关性 | 0.948** | 0.680* | 0.599 | -0.923** | -0.787* | 0.942** | 1 | -0.884** |
| | 显著性(双侧) | 0.000 | 0.044 | 0.088 | 0.000 | 0.012 | 0.000 | | 0.002 |
| | N | 9 | 9 | 9 | 9 | 9 | 9 | 9 | 9 |
| $x_7$ | Pearson 相关性 | -0.962** | -0.386 | -0.844** | 0.954** | 0.911** | -0.705* | -0.884** | 1 |
| | 显著性(双侧) | 0.000 | 0.305 | 0.004 | 0.000 | 0.001 | 0.034 | 0.002 | |
| | N | 9 | 9 | 9 | 9 | 9 | 9 | 9 | 9 |

注：**在0.01水平(双侧)上显著相关。*在0.05水平(双侧)上显著相关。

由表6-9可知，因变量与各自变量之间均存在着显著相关关系，相关系数最小值为0.548，最大值为0.962；而各自变量之间的相关系数最小值为0.042，最大值为0.954，显然，自变量之间的相关程度不高于自变量与因变量之因的相关程度，具有统计学意义，符合多元线性回归分析的条件。

在成长期仍然运用SPSS软件，对样本数据采用逐步回归法进行分析，深入分析各影响因素对林业产业演进的影响，采用逐步回归法进行分析时，进入回归模型的判别条件是变量的 $F$ 值的概率小于或等于0.05，如果变量的 $F$ 值的概率大于或等于0.1，那么这个变量就从模型中剔除，表6-10、表6-11反映了筛选变量的过程。

**表 6-10　输入/移去的变量**

| 模型 | 输入的变量 | 移去的变量 | 方法 |
|---|---|---|---|
| 1 | 国有经济所占比重 $x_7$ | | 步进（准则：F-to-enter 的概率 <=0.050，F-to-remove 的概率 >=0.100）。 |
| 2 | 人均收入 $x_6$ | | 步进（准则：F-to-enter 的概率 <=0.050，F-to-remove 的概率 >=0.100）。 |
| 3 | 从业人员在岗人数 $x_3$ | | 步进（准则：F-to-enter 的概率 <=0.050，F-to-remove 的概率 >=0.100）。 |

**表 6-11　已排除的变量**

| 模型 | | Beta In | t | Sig. | 偏相关 | 共线性统计量 | | |
|---|---|---|---|---|---|---|---|---|
| | | | | | | 容差 | VIF | 最小容差 |
| 1 | 林地面积 $x_2$ | -0.133[a] | -0.659 | 0.534 | -0.260 | 0.288 | 3.476 | 0.288 |
| | 从业人员在岗人数 $x_3$ | 0.021[a] | 0.056 | 0.958 | 0.023 | 0.090 | 11.147 | 0.090 |
| | 固定资产投资完成额 $x_5$ | 0.271[a] | 2.394 | 0.054 | 0.699 | 0.502 | 1.991 | 0.502 |
| | 专业技术人员数 $x_4$ | 0.369[a] | 1.637 | 0.153 | 0.556 | 0.171 | 5.851 | 0.171 |
| | 全员劳动生产率 $x_1$ | 0.208[a] | 2.395 | 0.054 | 0.699 | 0.851 | 1.175 | 0.851 |
| | 人均收入 $x_6$ | 0.449[a] | 2.900 | 0.027 | 0.764 | 0.218 | 4.579 | 0.218 |
| 2 | 林地面积 $x_2$ | 0.146[b] | 0.861 | 0.429 | 0.359 | 0.189 | 5.292 | 0.064 |
| | 从业人员在岗人数 $x_3$ | 0.618[b] | 3.762 | 0.013 | 0.860 | 0.061 | 16.453 | 0.061 |
| | 固定资产投资完成额 $x_5$ | -0.187[b] | -0.466 | 0.661 | -0.204 | 0.038 | 26.652 | 0.016 |
| | 专业技术人员数 $x_4$ | 0.324[b] | 2.558 | 0.051 | 0.753 | 0.169 | 5.903 | 0.097 |
| | 全员劳动生产率 $x_1$ | 0.077[b] | 0.574 | 0.591 | 0.249 | 0.326 | 3.063 | 0.084 |
| 3 | 林地面积 $x_2$ | 0.027[c] | 0.244 | 0.819 | 0.121 | 0.166 | 6.033 | 0.032 |
| | 固定资产投资完成额 $x_5$ | -0.033[c] | -0.138 | 0.897 | -0.069 | 0.036 | 27.734 | 0.016 |
| | 专业技术人员数 $x_4$ | 0.090[c] | 0.525 | 0.627 | 0.254 | 0.066 | 15.177 | 0.024 |
| | 全员劳动生产率 $x_1$ | -0.070[c] | -0.836 | 0.450 | -0.386 | 0.248 | 4.027 | 0.045 |

a. 模型中的预测变量：(常量)，国有经济所占比重。

b. 模型中的预测变量：(常量)，国有经济所占比重，人均收入。

c. 模型中的预测变量：(常量)，国有经济所占比重，人均收入，从业人员在岗人数。

d. 因变量：林业总产值。

最先进入模型的自变量与因变量相关性最强，按照进入模型的先后顺序，与因变量的相关程度依次是国有经济所占比重 $x_7$、人均收入 $x_6$、从业人员在岗人数 $x_3$。模型 3 最后排出的自变量为林地面积 $x_2$、固定资

产投资完成额 $x_5$、专业技术人员数 $x_4$、全员劳动生产率 $x_1$，说明其对林业产业演进的作用不显著，从模型中剔除。

**表 6-12　模型汇总[d]**

| 模型 | R | R 方 | 调整 R 方 |
|---|---|---|---|
| 1 | 0.962[a] | 0.925 | 0.914 |
| 2 | 0.984[b] | 0.969 | 0.958 |
| 3 | 0.996[c] | 0.992 | 0.987 |

a. 预测变量：(常量)，人均收入 $x_6$。

b. 预测变量：(常量)，人均收入 $x_6$，从业人员在岗人数 $x_3$。

c. 预测变量：(常量)，人均收入 $x_6$，从业人员在岗人数 $x_3$，国有经济所占比重 $x_7$。

d. 因变量：林业总产值 $y$

**表 6-13　方差分析[d]**

| 模型 | | 平方和 | df | 均方 | F | Sig. |
|---|---|---|---|---|---|---|
| 1 | 回归 | 1.836E12 | 1 | 1.836E12 | 85.778 | 0.000[a] |
| | 残差 | 1.498E11 | 7 | 2.140E10 | | |
| | 总计 | 1.985E12 | 8 | | | |
| 2 | 回归 | 1.923E12 | 2 | 9.616E11 | 92.509 | 0.000[b] |
| | 残差 | 6.237E10 | 6 | 1.039E10 | | |
| | 总计 | 1.985E12 | 8 | | | |
| 3 | 回归 | 1.969E12 | 3 | 6.564E11 | 201.551 | 0.000[c] |
| | 残差 | 1.628E10 | 5 | 3.257E9 | | |
| | 总计 | 1.985E12 | 8 | | | |

a. 预测变量：(常量)，人均收入 $x_6$。

b. 预测变量：(常量)，人均收入 $x_6$，从业人员在岗人数 $x_3$。

c. 预测变量：(常量)，人均收入 $x_6$，从业人员在岗人数 $x_3$，国有经济所占比重 $x_7$。

d. 因变量：林业总产值 $y$

由表6-12 可以看出，模型3 的拟合优度 $R^2$0.992 高于模型1 和模型2，说明模型3 的解释力更强。由表6-13 可以看“模型3”中的“回归平方和”为1.969E12，“残差平方和”为1.628E10，由于总平方和 = 回归平方和 + 残差平方和，由于残差平方和(即指随即误差，不可解释的误差)由回归平方和/残差平方为0.989，即模型3 自变量对因变量的解释力达98.9%。"F统计量"的概率值为0.00，由于0.00<0.01，随着"自变量"的引入，其显著性概率值均远小于0.01，所以可以显著地拒绝总体回归系数为0的原假设，通过ANOVA方差分析表可以看出林业总产值与国有经济所占比重 $x_7$、人均收入 $x_6$，从业人员在岗人数 $x_3$ 之间存在着线性关系，至于线性关系的强弱，需要进一步进行分析。

**表6-14　系数[a]**

| 模型 | | 标准系数 | t | Sig. | 共线性统计量 | |
|---|---|---|---|---|---|---|
| | | | | | 容差 | VIF |
| 1 | 国有经济所占比重 $x_7$ | -0.962 | -9.262 | 0.000 | 1.000 | 1.000 |
| 2 | 国有经济所占比重 $x_7$ | -0.565 | -3.646 | 0.011 | 0.218 | 4.579 |
| | 人均收入 $x_6$ | 0.449 | 2.900 | 0.027 | 0.218 | 4.579 |
| 3 | 国有经济所占比重 $x_7$ | -0.955 | -7.061 | 0.001 | 0.090 | 11.157 |
| | 人均收入 $x_6$ | 0.674 | 6.401 | 0.001 | 0.148 | 6.759 |
| | 从业人员在岗人数 $x_3$ | 0.618 | 3.762 | 0.013 | 0.061 | 16.453 |

a. 因变量：林业总产值 $y$。

原始数据由于量纲不同，在进行多元线性回归前先将其进行标准变化处理，得出标准系数见表6-14，得多元线性回归方程为：

$$y = -0.955x_7 + 0.674x_6 + 0.618x_3$$

由于原始数据已经标准化，所以回归方程中没出现常数项 $\varepsilon$，国有经济所占比重 $x_7$、人均收入 $x_6$、从业人员在岗人数 $x_3$ 的弹性系数分别为-0.955、0.674、0.618，三者对因变量的影响程度依次减弱，且人均收入 $x_6$、从业人员在岗人数 $x_3$ 与林业产业总产值呈正向关系，即人均收入、从业人员在岗人数增加，能够引起林业产业总产值的增加，说明劳动力的供给及消费需求的增加推动了林业产业的演进；而国有经济所占比重 $x_7$ 与林业产业总产值呈负向关系，即国有经济所占比重减少能够引起林业产业总产值增加，说明林业经济体制改革，即民营等其他非国有经济的出现推动了东北内蒙古国有林区林业产业的演进，产权高度国有化对林业产业的演进及发展没有起到推动作用，而是反作用。

图6-2为回归标准化残差图，从图可以得知大部分自变量的残差基本服从正态分布，符合多元线性回归的条件，进一步说明回归方程的合理性及有效性。

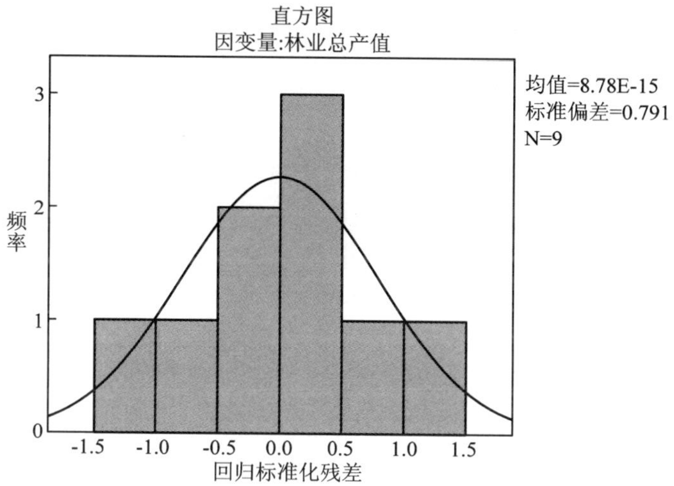


**图 6-2 回归标准化残差图**

接下来对自变量进行共线性检验。

表 6-9 所示的各自变量之间的相关系数 $|r_{xi\ xj}|$ 均小于可决系数 $R^2$0.992，由表 6-14 可知，$|t|$ 均大于 2，即使是人均收入 $x_6$、国有经济所占比重 $x_7$ 的 VIF 均大于 10，也可认为各自变量之间不存在着有害的共线性问题，可以不予处理。因此，再次检验了回归模型的有效性及合理性。

### 6.3.3 实证分析结果

通过运用 SPSS 软件采用多元线性回归方法对东北内蒙古国有林区林业产业影响因素的实证分析，得出如下结论。

(1)显著性因素有民营化改革、消费需求、劳动力供给。无论是在东北内蒙古国有林区林业产业演进成熟阶段(2001 年前)，还是在成长阶段(2001 ~ 2010 年)，进入回归模型的变量为国有经济所占比重 $x_7$、人均收入 $x_6$、从业人员在岗人数 $x_3$，说明以上三个变量对林业产业演进起显著作用，而变量林地面积 $x_2$、固定资产投资完成额 $x_5$、专业技术人员数 $x_4$、全员劳动生产率 $x_1$ 没有进入回归模型，以上四个变量对林业产业演进推动作用不显著；也就是说民营化改革、消费需求、劳动力供给是东北内蒙古国有林区林业产业演进的主要推动因素。

(2)不同阶段显著影响因素的作用程度不同。虽然在东北内蒙古国有林区林业产业演进过程中，国有经济所占比重 $x_7$、人均收入 $x_6$、从业人员在岗人数 $x_3$ 是重要的推动因素，但在演进成熟阶段与成长阶段国有经济所占比重 $x_7$、人均收入 $x_6$、从业人员在岗人数 $x_3$ 对林业产业演进的推动作用的大小是不同的，根据回归方程弹性系数的大小，在成熟阶段对林业产业演进的推动作用依次是人均收入 $x_6$、国有经济所占比重 $x_7$、从业人员在岗人数 $x_3$，而在成长阶段对林业产业演进的推动作用依次是国有经济所占比重 $x_7$、人均收入 $x_6$、从业人员在岗人数 $x_3$。

(3)人均收入对林业产业演进正向作用有所减弱。人均收入 $x_6$ 的弹性系数由成熟期 0.833 变为成长期 0.674，说明人均收入对林业产业演进的正向作用有所下降，人均收入提高在 1987～2001 年是东北内蒙古国有林区林业产业演进的首要因素，但在 2001 年后对林业产业演进的影响程度有所减弱，原因在于：衡量消费需求的指标通常用人均收入或人均可支配收入，因为收入水平决定了人们是否有意愿及能力购买林产品的数量，是决定需求的最为重要的因素，另外，消费需求包括本地需求及外地需求，因此，人均收入水平的确定，既要考虑到本地因素又要考虑到外地因素，而外地需求包括国内及国外两部分，比较复杂，因而，外地需求很难把握，因此，本书用本地人均收入来代表人们对林产品的消费需求。在 2001 年后人均收入对林业产业演进的作用减弱，主要是由于东北内蒙古国有林区对林产品的需求有所减少，但不能单纯认为消费需求对林业产业演进的作用在减弱，因为，国内及国外对东北内蒙古国有林区林产品需求的变化在此并没有体现。

(4)民营化改革对林业产业演进正向作用有增强。国有经济所占比重 $x_7$ 由成熟期 -0.545 变为成长期 -0.955，说明国有经济所占比重对林业产业演进的负向作用有所增强，在 2001 年后成为影响东北内蒙古国有林区林业产业演进首要因素。国有经济所占比重在前文已经界定为工业总产值中国有经济所占的比重，因为营林及木材采运业的经济成分大都没有发生变化，产权仍然是国有形式，因此，林产工业的民营化改革对林业产业演进的推动作用是不可小视的，特别是在 21 世纪之后，国家制定了一些鼓励非公有制经济发展的一些政策，如 2003 年 6 月 15 日中共中央、国务院做出了《关于加快林业发展的决定》(以下简称《决定》)。《决定》对于林业发展非公有制经济提供了重要的指南，《决定》

将全国林业区分为公益林业和商品林业两大类，对公益林业按照公益事业进行管理，以政府投资为主，吸引社会力量共同建设；对商品林业按照基础产业进行管理，主要由市场配置资源，政府给予必要扶持，此后，有大量的非国有资本注入到了林业部门，林区大量国有林产加工业通过承包、出售、出租、股份制等方式民营化后，林业企业的经营效率明显提高，利润空间明显增大，林业企业发展促进了林业产业的演进，2003 年后林业产业总产值增长速度较快。另外，非国有资本在主要分布在第二和第三产业，而第一产业中非国有经济的比重偏低，第一产业的民营化改革将是未来发展的方向。

(5)林区林业产业属于劳动密集型。从业人员在岗人数 $x_3$ 由成熟期 0.529 变为成长期 0.618，对林业产业的演进作用仍然处于第三位，但回归系数有所增加，即劳动力人数的减少增强了其对林业产业演进的正向推动作用，说明劳动力供给一直是东北内蒙古国有林区林业产业演进的重要推动力量，也说明虽然林区的林业产业资本及技术的密集程度不断提高，但是林区的林业产业仍然属于劳动密集型的产业，林业产业的发展劳动力的贡献仍然是较大的。

(6)森林资源影响程度不显著。林地面积 $x_2$ 没有进入回归模型，说明森林资源对东北内蒙古国有林区林业产业演进的作用不显著，并不意味着资源对林业产业演进没有推动作用，因为，$x_5$ 东北内蒙古国有林区是依托丰富的天然林资源，担负着为国家经济建设供给木材的重大任务而建立起来的，因此，森林资源对于国家工业的发展及林业产业的发展做出了巨大贡献，但由于我国森林资源清查每四年一次，这样统计数据某四年就会相同，年份之间的差别很小，就会出现对自变量的影响不显著的情况。

(7)物质资本及人力资本影响程度不显著。固定资产投资完成额、专业技术人员 $x_4$ 没有进入回归模型，说明物质资本及人力资本对东北内蒙古国有林区林业产业演进的作用不显著，林业产业经历了多年的发展，虽然物质资本及人力资本的投入在不断地增大，但其对林业产业发展的贡献并不大，林业产值的增加主要依赖于劳动要素的投入，林区林业产业仍属于劳动密集型产业，资本投资的空间仍然较大。

(8)科学技术影响程度不显著。全员劳动生产率 $x_1$ 没有进入回归模型，说明科学技术对东北内蒙古国有林区林业产业演进的作用不显著，虽然近年来营造林技术、防护技术、加工技术水平都有了一定得提高，且诸如木制品加工业、家具制造业科技水平稍高的部门发展速度较快，但科学技术对林区林业产业演进的根本动力没有得到充分的显现，但并不能认为科技创新不能作为林业产业演进的根本动力，只是技术创新在东北内蒙古国有林区林业产业演进的过程中暂时没有显示出其巨大的动力，意味着科技水平的进一步提高将会大大推动林业产业的发展。

此外，天保工程直接间接影响林业产业演进。天保工程是林区林业产业演进及发展的另一大要素，但由于衡量天保工程政策的指标难以选取，且与其他的指标之间存在着较强的线性关系，不符合多元线性回归的条件，因此，在选取指标时没有将其作为单独指标列出，但并不意味着其对林业产业演进的作用不显著，恰恰是通过对其他变量的影响间接地影响林业产业的演进。人均收入水平的提高，对林业产业演进起正向作用，天保工程实施分流了林业企业职工，使企业职工的人均收入水平有所提高，而分流出去的职工通过从事林业多种经营等其他生产活动，也获得了高于原有的工资收入，因此，林区人均收入水平提高与天保工程政策实施有着直接联系，天保工程政策实施间接影响了林业产业的演进；国有经济所占比重的减少即民营化改革推动了林业产业的演进与发展，而非公有制经济的发展与天保工程政策实施有着千丝万缕的联系，由于天保工程的实施，木材产量大量调减，财政收入大量减少，林区陷入了“资源危困、经济危机”的境地，在缺少大量资金的情况下，非国有资本进入是解决林区摆脱两危境地的重要途径，因此，天保工程的实施是林区民营化改革的主要动因，从而间接地推动了林业产业的演进与发展。

## 6.4 本章小结

本章首先确定全员劳动生产率 $x_1$、林地面积 $x_2$、从业人员在岗人数 $x_3$、专业技术人员数 $x_4$、固定资产投资完成额 $x_5$、人均收入 $x_6$、工业总产值中国有经济所占比重 $x_7$ 作为评价东北内蒙古国有林区林业产业演进影响因素的指标；其次，通过运用 SPSS 软件采用多元线性回归方法对东北内蒙古国有林区林业产业影响因素进行了模型构建及检验，研究结果显示，国有经济所占比重 $x_7$、人均收入 $x_6$、从业人员在岗人数 $x_3$ 进入回归模型，三个变量对东北内蒙古国有林区林业产业演进起显著作用的，而变量林地面积 $x_2$、固定资产投资完成额 $x_5$、专业技术人员数 $x_4$、全员劳动生产率 $x_1$ 没有进入回归模型，四个变量对林业产业演进推动作用不显著；民营化改革、消费需求、劳动力供给、天保工程是东北内蒙古国有林区林业产业演进的主要推动因素；而森林资源、物质资本、人力资本供给及科学技术对东北内蒙古国有林区林业产业演进没有起到显著地推动作用，林业产业属于劳动密集型的产业。

# 7

# 东北内蒙古国有林区林业产业发展水平评价

东北内蒙古国有林区的林业产业在经济体制改革、消费拉动、劳动力供给、天保工程政策等因素影响下取得较大发展，1987～2010年林业产业总产值增长了4.85倍，年均增长7.1%，特别是近年来发展速度较快，2010年增幅高达15.95%，然而，东北内蒙古国有林区的林业产业发展水平在全国31个省、自治区、直辖市中究竟处于什么样的位置是值得研究的一个问题，原因在于认识了林业产业的发展水平是科学分析与制定产业发展战略与发展政策，促进产业发展的重要前提和保证。

产业发展不仅是一个数量扩张过程，也是一个结构与布局不断优化升级，以及技术、市场、体制与管理不断创新的过程，产业发展水平的提高不仅表现为规模的扩张、结构的优化，还表现为效率的提高。东北内蒙古国有林区的林业产业在规模快速扩张的同时，产业结构与效率是否得到改善，即产业发展究竟是规模驱动还是结构与效率驱动？本书第4章对林区产业结构已做详细研究，得出林区林业产业结构逐渐趋于合理，但同全国平均水平相比较没有明显优势，林业产业结构仍需进一步优化等结论，本章不再赘述，而将从产出规模及投入产出效率两方面评价东北内蒙古国有林区林业产业的发展水平。

## 7.1 产出规模评价

产出规模即产量水平及产值的大小，本书选用产值来衡量产出规模的大小。为了更准确反映东北内蒙古国有林区林业产出规模的差异，本书将 2008 ~ 2010 年全国 31 个省份的林业产业总产值算术平均后排名，见表 7-1。

**表 7-1　2008 ~ 2010 年全国林业产业总产值(万元)排名**

| 省(市) | 年份 | | | 平均值 | 排名 | 省(市) | 年份 | | | 平均值 | 排名 |
|---|---|---|---|---|---|---|---|---|---|---|---|
| | 2008 | 2009 | 2010 | | | | 2008 | 2009 | 2010 | | |
| 北京 | 1004812 | 1119359 | 1182961 | 1102377 | 25 | 湖北 | 4620067 | 5586453 | 6611385 | 5605968 | 13 |
| 天津 | 213885 | 191138 | 215642 | 206888 | 29 | 湖南 | 6648518 | 8664493 | 10489445 | 8600819 | 8 |
| 河北 | 5521410 | 6039848 | 6857622 | 6139627 | 12 | 广东 | 14006809 | 21969008 | 27988462 | 21321426 | 1 |
| 山西 | 1047634 | 1159913 | 1872499 | 1360015 | 23 | 广西 | 6050866 | 8063573 | 12406339 | 8840259 | 7 |
| 内蒙古国有林区 | 252521 | 224664 | 252521 | 243235 | 28 | 海南 | 2163835 | 2324657 | 3459940 | 2649477 | 16 |
| 辽宁 | 5330516 | 6856535 | 9222723 | 7136591 | 10 | 重庆 | 1726181 | 2099134 | 2637679 | 2154331 | 18 |
| 吉林国有林区 | 539229 | 610008 | 779275 | 642837 | 26 | 四川 | 7102676 | 9157822 | 11147836 | 9136111 | 6 |
| 黑龙江国有林区 | 1455779 | 1636620 | 1833783 | 1642061 | 21 | 贵州 | 1681199 | 1866490 | 2448792 | 1998827 | 20 |
| 上海 | 739570 | 593281 | 3351956 | 1561602 | 22 | 云南 | 3742121 | 4157592 | 5434412 | 4444708 | 15 |
| 江苏 | 8997519 | 10847400 | 15068918 | 11637946 | 5 | 西藏 | 86231 | 128798 | 160261 | 125097 | 30 |
| 浙江 | 12604627 | 13670875 | 17123967 | 14466490 | 3 | 陕西 | 1709442 | 1904592 | 2563847 | 2059294 | 19 |
| 安徽 | 4167071 | 5085578 | 7067811 | 5440153 | 14 | 甘肃 | 901170 | 1130837 | 1578533 | 1203513 | 24 |
| 福建 | 13227208 | 14721242 | 16723786 | 14890745 | 2 | 青海 | 23999 | 59043 | 74904 | 52649 | 31 |
| 江西 | 7156033 | 8668136 | 9884699 | 8569623 | 9 | 宁夏 | 541711 | 609551 | 711629 | 620964 | 27 |
| 山东 | 8949013 | 9845643 | 18138078 | 12310911 | 4 | 新疆 | 1614306 | 2488525 | 3575606 | 2559479 | 17 |
| 河南 | 5199068 | 6437037 | 7476884 | 6370996 | 11 | | | | | | |

资料来源：2008 ~ 2010 年《中国林业统计年鉴》。

由表 7-1 可以看出，虽然东北内蒙古国有林区林业产业规模扩张速度较快，但同全国比较没有明显优势，近 3 年黑龙江国有林区、吉林国有林区、内蒙古国有林区林业产业总产值分别位于全国第 21 位、第 26 位、第 28 位，而 2010 年有林地面积分别位于全国第 5 位、22 位、15 位；而林业产业总产值位于前 5 名的广东、福建、浙江、山东、江苏省的有林地面积分别位于第 8 位、第 12 位、第 18 位、第 25 位、第 28 位，东北内蒙古国有林区林业产业产出规模同其他省份相比处于中下等水平，须向排在前几位的省份借鉴经验，提高林业产业的产出水平，特别是林产工业的产出规模。

林区产出规模较为落后原因主要有两方面：一是体制上的原因。产值排在前几位的省份大都是集体林区，如广东、福建、浙江、山东、江苏省，集体林权改革在以上省份取得了较大的成功，集体林权改革明晰了林权、盘活了集体林木资源、促进了农民增收致富、提高了林农经营森林的积极性，为林业产业发展注入了新的生机与活力；而东北内蒙古国有林区由于历史等诸多方面原因，林区各项制度过于僵化，国有林权改革还处于探索阶段，改革的诸多方面仍需不断完善。二是无较明显的地缘优势，以上集体林区地区要么属于经济较为发达地区，要么靠近经济发达地区，产品市场及生产要素市场较为发达，林产品市场需求旺盛，生产要素能够自由流动，资本、技术、人力资本等生产要素在林产品需求的引致下大量流入林业企业，林业企业生产规模不断扩大，林产工业得到优先发展，而东北内蒙古国有林区却无地缘上的优势，林区位置偏远、经济发展水平不高、远离繁荣的林产品市场，林产品及生产要素市场不发达，这些都严重制约了林区林业产业规模的扩张。

## 7.2 投入产出效率评价

经济学上所谓的效率，是指经济资源的配置和产出状态。对于一个产业或社会来说，最高效率意味着资源处于最优配置状态，从而使特定范围内的需要得到最大满足，或福利得到最大增进，或财富得到最大增加，也即在一定的投入下得到尽可能多的产出。效率的提高意味着产业发展水平在质量层面上有了进一步的提升，是衡量产业发展水平的重要维度。

### 7.2.1 研究方法的选择

数据包络分析(Data Envelopment Analysis，简称 DEA)是一个对多投入、多产出的多个决策单元的效率评价方法。该方法不涉及参数估计和权重确定问题，评价结果不受各项指标量纲不同的影响，正是由于这一优点，使得这一方法已被广泛应用于国家和地区发展、行业、企业、非营利机构等相对有效性的评价和分析中[100]。如 Finkler and Wirtschafter

(1993)将 DEA 应用于医疗保健行业，对医院的相对经营效率进行了评价[101]；Hang 等(1992)用 DEA 模型评估了美国德州 BlacklanPrairie 区域中 41 个郡的农业生产效率[102]；国外有许多学者运用 DEA 对林业效率进行研究，如 Shiba 在解释如何设置 DEA 的绩效测量系统及其关键的应用问题时做出了详细的阐述[103]、Lebel and Stuart 运用 DEA 模型对 23 个伐木工人在 1988 ~ 1994 年的投入产出效率进行了测量与分析[104]、Viitala and Hanninen 运用 DEA 模型研究芬兰 19 个公益林的效率[105]；国外对林业效率大范围的展开研究是从 2000 年开始，比较有代表性的研究有：Jun-Yen Lee 衡量了全球森林和纸业公司从 1997 年在 2001 年的相对效率[106]；NedaSalehirad 和 Dr · Taraneh Sowlati 研究了加拿大地区木材产业的投入与产出效率问题[107]。在国内对林业效率问题的研究开展较晚，许多学者早期只是认识到应该关注林业效率问题，应提高林业效率。如蒋海等认为林业产业化是现代林业提高效率的有效方法[108]；李宏认为实现产业结构的合理化是提高林业效率的有效手段[109]。充分运用相关模型测算林业效率的却极少。

DEA 模型是 1986 年美国著名运筹学家 A. Charne 和 W. Cooper 等学者提出的一种新的系统分析方法。它主要采用数学规划方法，利用观察到的有效样本数据，对决策单元(DMU)进行生产有效性评价[110]，设有 $n$ 个决策单元，每个决策单元 $DMU_j(j=1, 2, \cdots, n)$都有 $m$ 种输入和 $s$ 种输出。分别用输入 $X_j$ 和输出 $Y_J$ 表示。$X_j=(x_{1j}, x_{2j}, \cdots, x_{mj})^T$，$Y_j=(y_{1j}, y_{2j}, \cdots, y_{sj})^T$，$j=1, 2, \cdots, n$，其中，$x_{ij}>0$ 表示第 $j$ 个决策单元 $DMU_j$ 的第 $i$ 种类型输入的输入量；$y_{rj}>0$ 表示第 $j$ 个决策单元 $DMU_j$ 的第 $r$ 种类型输出的输出量；$i=1, 2, \cdots, m$，$r=1, 2, \cdots, s$，$j=1, 2, \cdots, n$。

DEA 模型有多种，最基本的是评价规模有效性及技术有效性的 $C^2R$ 模型。

对于某个选定的 $DMU_0$(下标用 0 表示)，评价其有效性的 $C^2R$ 模型线性规划(D)为：

$$
\begin{cases}
\min\theta = V_D \\
s.t. \sum_{i=1}^{n} \lambda_i x_i + S^- = \theta x_0 \\
\sum_{i=1}^{n} \lambda_i y_i - S^+ = y_0 \\
\lambda_i \geqslant 0, i = 1,2,\cdots,n \\
S^+ \geqslant 0, S^- \geqslant 0
\end{cases}
$$

式中：$\theta$—— $DMU_0$ 的有效值；

$X_i$—— $DMU_i$ 的投入要素集合；

$X_i$—— $DMU_i$ 的投入要素集合；

$Y_i$—— $DMU_i$ 的产出要素集合；

$\lambda_i$——相对于 $DMU_0$ 重新构造一个有效 DMU 组合中第 $i$ 个决策单元 $DMU_i$ 的组合比例；

$S^+$、$S^-$——松弛变量。

第 $i_0$ 决策单元为 DEA 有效的充分必要条件是线性规划的最优值 $V_D=1$，并且它的每个最优解 $\lambda^*$，$S^{*-}$，$S^{*+}$，$\theta^*$ 都有 $S^{*-}=0$，$S^{*+}=0$，其经济含义为：

(1)当 $\theta=1$ 且 $S^-=S^+=0$ 则称 $DMU_0$ 为 DEA 有效，即在这 $n$ 个决策单元组成的经济系统中在原投入 $x_0$ 基础上所获得的产出 $y_0$，已达到最优；

(2)当 $\theta=1$ 且 $S^-\neq0$，或 $S^+\neq0$ 时，则称 $DMU_0$ 为 DEA 弱有效，即在这个 $n$ 个决策单元组成的经济系统对投入 $x_0$ 可减少 $S^-$ 而保持原产出 $y_0$ 不变，或在投入 $x_0$ 不变的情况下可将产出提高 $S^+$；

(3)当 $\theta<1$，这 $n$ 个决策单元组成的经济系统中可通过组合将投入降到原投入 $x_0$ 的 $\theta$ 比例而保持原产出 $y_0$ 不变。

DEA 模型要求各个决策单元(DMU)应该具有“同类型”特征(在社会生产经营活动中，有些不同的 DMU 在某一视角下有相同的输入和输出，也有相同的目标、任务和外部环境，将这些 DMU 称为同类型的 DMU)。同时方法又要求 DMU 的相对比较个数以大于输入输出的指标的总个数为宜，从而使评价结果具有合理的区分度[111]。

数据包络分析与其他方法相比，DEA 在研究多投入与多产出的复杂系统时，具有其他方法所无法比拟的优势。主要表现在：

(1)无须估计企业生产的生产函数，避免因采取错误的函数形式得出错误的结论，并且不需要投入产品的价格。

(2)对于复杂系统，其子系统种类较多，并且各子系统指标之间难于比较。而应用 DEA 方法不必事先确定各指标间的可比性。

(3)复杂系统结构及其复杂输入输出指标权重难于确定。而 DEA 方法不必事先确定权重。DEA 以决策单元各输入输出的权重为变量，从最有利于决策单元的角度进行评价，排除了很多主观的因素，因而具有很强的客观性。

(4)决策单元的各输入输出之间关系极其复杂，而 DEA 方法不必确定这种现实关系就可以得出每个决策单元综合效率的数量指标，据此确定有效决策单元，并对非有效的决策单元分析原因，为主管部门提供管理信息，进一步调整决策单元投入规模的正确方向和程度。

(5)对分散的评价指标(以定量或定性的形式表示)进行综合分析处理，从全局整体的角度利用数据，从而避免了通常分散指标处理的片面性。[112]

## 7.2.2 指标选取和数据来源

### 7.2.2.1 指标选取原则

建立科学、合理的指标评价体系是运用 DEA 方法进行效率评价的基础性工作和关键性步骤，因为指标的选取对于最终的评价结果有着决定性的影响。因此，必须设定指标体系建立的一般原则，从而在一般原则的指导下结合林业生产的实际情况进行指标筛选，才能做到严谨、科学、合理。

(1)科学性原则：这是一条根本性原则，即指标的设计必须同林业经济的发展状况的相应范畴的科学含义相一致。输入指标应能够反映各决策单元发展中的实际投入状况，输出指标则应能够系统衡量各地区的产出。

(2)全面性原则：设置的输入指标应能全面描述出各地区所获取投入的实际状况，全面考虑影响全要素生产率的因素，输出指标则应全面反映产出效果。

(3)避免指标间较强相关性原则：由于在生产过程中决策单元的各个指标间往往不是孤立的。因此，某一指标被确立时往往会对其他指标的认定产生影响。例如，某指标与几个已确定作为输入(出)量的指标之间呈现较强的相关关系，可以认为该指标的信息已在很大程度上被这几个指标所包含，因此就不一定再把它作为输入(出)指标了，因此，要避免指标间较强相关性。[113]

### 7.2.2.2 指标选取和数据来源

通常将自然资源、资本、劳动力、技术等投入要素视为影响产出的重要因素。所以，在考虑到“科学性”和“全面性”的原则基础上确定输入指标为：反映资源的输入指标为有林地面积 $X_1$(万 $hm^2$)；反映劳动的投入指标为从业人员年末数 $X_2$(人)；反映资本的投入指标为固定资产投资完成额 $X_3$(万元)；反映技术的投入指标为劳动投入率 $X_4$(每产生 1 万元的产值需投入的劳动量，人/万元)、资本投入率 $X_5$(每产生 1 万元的产值需投入的资本量)，$X_4$ 与 $X_5$ 能很好地反映技术对资本和劳动的替代程度，$X_4$ 与 $X_5$ 的值越大表示技术对资本和劳动的替代程度越低，技术含量也就越低；输出指标：$Y_1$ 为林业产业总产值(万元)。

考虑到“避免指标间较强相关性原则”，需要对各投入变量间的相关性进行分析，本书根据 2010 年的统计数据，对各投入变量做相关性分析，结果见表 7-2。

**表 7-2 各投入指标相关性系数**

| | | $X_1$ | $X_2$ | $X_3$ | $X_4$ | $X_5$ |
|---|---|---|---|---|---|---|
| $X_1$ | Pearson 相关性 | 1 | 0. 371* | 0. 418* | 0. 088 | 0. 051 |
| | 显著性(双侧) | | 0. 040 | 0. 019 | 0. 636 | 0. 787 |
| | N | 31 | 31 | 31 | 31 | 31 |
| $X_2$ | Pearson 相关性 | 0. 371* | 1 | 0. 254 | 0. 513** | 0. 122 |
| | 显著性(双侧) | 0. 040 | | 0. 169 | 0. 003 | 0. 515 |
| | N | 31 | 31 | 31 | 31 | 31 |
| $X_3$ | Pearson 相关性 | 0. 418* | 0. 254 | 1 | -0. 037 | 0. 042 |
| | 显著性(双侧) | 0. 019 | 0. 169 | | 0. 843 | 0. 822 |
| | N | 31 | 31 | 31 | 31 | 31 |

（续）

| | | $X_1$ | $X_2$ | $X_3$ | $X_4$ | $X_5$ |
|---|---|---|---|---|---|---|
| $X_4$ | Pearson 相关性 | 0.088 | 0.513 * * | -0.037 | 1 | 0.722 * * |
| | 显著性（双侧） | 0.636 | 0.003 | 0.843 | | 0.000 |
| | N | 31 | 31 | 31 | 31 | 31 |
| $X_5$ | Pearson 相关性 | 0.051 | 0.122 | 0.042 | 0.722 * * | 1 |
| | 显著性（双侧） | 0.787 | 0.515 | 0.822 | 0.000 | |
| | N | 31 | 31 | 31 | 31 | 31 |

* 在 0.05 水平（双侧）上显著相关。

* * 在 0.01 水平（双侧）上显著相关。

一般认为，只要是显著性 $<0.05$ 即可说明两变量具有相关性，而相关性的大小取决于相关系数，相关系数越接近 1，相关性越强；相关系数在小于 0.5 为低度相关，0.5 ~ 0.8 为中度相关，0.8 ~ 1 为高度相关。由表 7-2 可知，除变量 $X_4$ 与 $X_5$、$X_2$ 与 $X_4$ 为中度相关外，其余变量间或是不相关、或是相关度较低，因此，符合避免指标间较强相关性原则，可将各指标作为投入变量。

同时，选取中国 31 个省份作为决策单元，因此分析的样本容量为 31，输入指标为 4 个、输出指标为 1 个。样本容量（31）远大于投入与产出指标之和，可以认为该 DEA 评价结果会具有合理的区分度，决策单元均为中国各省（区、市），可以认为它们是同类型的决策单元，满足 DEA 分析的要求。以上指标的数据均来源于 2008 ~ 2010 年的《中国林业统计年鉴》[114]。

### 7.2.3　评价结果及分析

为了较准确反映东北内蒙古国有林区林业产业投入产出效率的高低，本书选用 2008 ~ 2010 年近 3 年的面板数据进行评价，并将每年的 DEA 有效性系数进行算术平均后排名，见表 7-3。

**表 7-3　2008～2010 年全国林业产业 DEA 有效性系数排名**

| 决策单元 DMU | θ | | | 平均值 | 排名 |
|---|---|---|---|---|---|
| | 2008 | 2009 | 2010 | | |
| 北京 | 0. 1197 | 0. 1891 | 0. 0464 | 0. 1184 | 19 |
| 天津 | 0. 3065 | 0. 3057 | 0. 1085 | 0. 2403 | 15 |
| 河北 | 0. 3594 | 0. 3363 | 0. 2116 | 0. 3024 | 12 |
| 山西 | 0. 0545 | 0. 0597 | 0. 0446 | 0. 0530 | 25 |
| 内蒙古国有林区 | 0. 0268 | 0. 0126 | 0. 0079 | 0. 0158 | 30 |
| 辽宁 | 0. 3572 | 0. 3988 | 0. 3301 | 0. 3620 | 10 |
| 吉林国有林区 | 0. 0429 | 0. 0475 | 0. 0345 | 0. 0417 | 26 |
| 黑龙江国有林区 | 0. 0410 | 0. 0421 | 0. 0186 | 0. 0339 | 28 |
| 上海 | 1. 0000 | 0. 9431 | 1. 0000 | 0. 9810 | 4 |
| 江苏 | 1. 0000 | 1. 0000 | 1. 0000 | 1. 0000 | 1 |
| 浙江 | 1. 0000 | 1. 0000 | 1. 0000 | 1. 0000 | 1 |
| 安徽 | 0. 4441 | 0. 4847 | 0. 3921 | 0. 4403 | 8 |
| 福建 | 0. 7542 | 1. 0000 | 0. 8388 | 0. 8643 | 6 |
| 江西 | 0. 3239 | 0. 3617 | 0. 2601 | 0. 3152 | 11 |
| 山东 | 1. 0000 | 1. 0000 | 1. 0000 | 1. 0000 | 1 |
| 河南 | 0. 4817 | 0. 3903 | 0. 2686 | 0. 3802 | 9 |
| 湖北 | 0. 2577 | 0. 2817 | 0. 1888 | 0. 2427 | 14 |
| 湖南 | 0. 2627 | 0. 3026 | 0. 2298 | 0. 2650 | 13 |
| 广东 | 0. 7350 | 1. 0000 | 1. 0000 | 0. 9117 | 5 |
| 广西 | 0. 1844 | 0. 2130 | 0. 2190 | 0. 2055 | 17 |
| 海南 | 0. 5257 | 0. 5199 | 0. 4686 | 0. 5047 | 7 |
| 重庆 | 0. 2205 | 0. 2418 | 0. 1809 | 0. 2144 | 16 |
| 四川 | 0. 1469 | 0. 1749 | 0. 1511 | 0. 1577 | 18 |
| 贵州 | 0. 0894 | 0. 0899 | 0. 0614 | 0. 0802 | 22 |
| 云南 | 0. 0792 | 0. 0806 | 0. 0789 | 0. 0796 | 23 |
| 西藏 | 0. 0359 | 0. 0303 | 0. 0153 | 0. 0272 | 29 |
| 陕西 | 0. 0686 | 0. 0671 | 0. 0515 | 0. 0624 | 24 |
| 甘肃 | 0. 0443 | 0. 0461 | 0. 0250 | 0. 0385 | 27 |
| 青海 | 0. 0027 | 0. 0056 | 0. 0050 | 0. 0044 | 31 |
| 宁夏 | 0. 1348 | 0. 1242 | 0. 0525 | 0. 1038 | 21 |
| 新疆 | 0. 1082 | 0. 1057 | 0. 1014 | 0. 1051 | 20 |

近 3 年黑龙江国有林区、吉林国有林区、内蒙古国有林区投入产出效率分别位于全国第 28 位、第 26 位、第 30 位，可以看出效率值排名

比产值排名还要靠后，特别是内蒙古国有林区排在了全国倒数第二位，而2010年黑龙江国有林区、吉林国有林区、内蒙古国有林区有林地面积分别位于全国第5位、22位、15位，可见，林业用地并没有达到高效利用，高投入并没有带来高产出，而林业投入产出效率值位于前6位的江苏、浙江、山东、上海、广东、福建，有林地面积则分别位于全国的第28位、第18位、第25位、第31位、第8位、第12位，可见该6省市的投入产出效率较高，特别是江苏、浙江、山东省有效性系数为1，实现了DEA有效，上海、广东、福建省虽然有效性系数没有达到1，有效性系数都大于0.8，说明投入产出率也较高。

按照有效性系数的大小非有效程度可以分为三个层次，第一层次为有效性在0.5以下的，非有效程度比较严重；第二层次为有效性在0.5~0.7之间，非有效性程度中等；第三层次为有效性在0.7以上的，非有效性程度轻微；由表7-3可以看出，黑龙江国有林区、吉林国有林区、内蒙古国有林区平均有效性系数分别为0.0339、0.0417、0.0158，远远小于0.5，非有效性程度比较严重，投入产出效率极低，为了更准确地把握东北内蒙古国有林区林业产业投入产出效率低下的深层次原因，将通过投影法进行分析，计算结果见表7-4。

**表7-4 通过投影法计算结果**

| 林区 | 年份 | 项目 | $X_1$ | $X_2$ | $X_3$ | $X_4$ | $X_5$ | $Y_1$ |
|---|---|---|---|---|---|---|---|---|
| 黑龙江国有林区 | 2008 | Data | 1469 | 275034 | 481025 | 0.1889257 | 0.3304245 | 1455779 |
| | | Projection | 60.16147 | 2331.5554 | 19699.912 | 5.97E-04 | 1.35E-02 | 1455779 |
| | | Difference | -1408.8385 | -272702.44 | -461325.09 | -0.1883285 | -0.3168923 | 0 |
| | | % | -95.90% | -99.15% | -95.90% | -99.68% | -95.90% | 0.00% |
| | 2009 | Data | 1475 | 269930 | 680297 | 0.1649314 | 0.4156719 | 1636620 |
| | | Projection | 62.075968 | 3794.3158 | 28630.573 | 3.76E-04 | 2.87E-03 | 1636620 |
| | | Difference | -1412.924 | -266135.68 | -651666.43 | -0.1645556 | -0.4128003 | 0 |
| | | % | -95.79% | -98.59% | -95.79% | -99.77% | -99.31% | 0.00% |
| | 2010 | Data | 1481.5 | 295645 | 1000177 | 0.1612 | 0.5454 | 1833783 |
| | | Projection | 27.58408 | 1547.0497 | 18622.317 | 2.42E-04 | 5.08E-03 | 1833783 |
| | | Difference | -1453.9159 | -294097.95 | -981554.68 | -0.160958 | -0.5403234 | 0 |
| | | % | -98.14% | -99.48% | -98.14% | -99.85% | -99.07% | 0.00% |

（续）

| 林区 | 年份 | 项目 | $X_1$ | $X_2$ | $X_3$ | $X_4$ | $X_5$ | $Y_1$ |
|---|---|---|---|---|---|---|---|---|
| 吉林国有林区 | 2008 | Data | 441 | 56858 | 244774 | 0.1054431 | 0.4539333 | 539229 |
| | | Projection | 18.93469 | 672.51848 | 10509.569 | 4.49E-04 | 1.31E-02 | 539229 |
| | | Difference | -422.06531 | -56185.482 | -234264.43 | -0.1049937 | -0.4408154 | 0 |
| | | % | -95.71% | -98.82% | -95.71% | -99.57% | -97.11% | 0.00% |
| | 2009 | Data | 444 | 57993 | 281954 | 9.51E-02 | 0.4622136 | 610008 |
| | | Projection | 21.084972 | 1660.8765 | 13389.622 | 1.69E-04 | 1.36E-03 | 610008 |
| | | Difference | -422.91503 | -56332.123 | -268564.38 | -9.49E-02 | -0.4608568 | 0 |
| | | % | -95.25% | -97.14% | -95.25% | -99.82% | -99.71% | 0.00% |
| | 2010 | Data | 446 | 59231 | 195312 | 0.076 | 0.2506 | 779275 |
| | | Projection | 15.408514 | 728.37863 | 6747.6854 | 8.93E-05 | 1.74E-03 | 779275 |
| | | Difference | -430.59149 | -58502.621 | -188564.31 | -7.59E-02 | -0.2488649 | 0 |
| | | % | -96.55% | -98.77% | -96.55% | -99.88% | -99.31% | 0.00% |
| 内蒙古国有林区 | 2008 | Data | 801.5 | 63352 | 88301 | 0.1446644 | 0.2016354 | 437924 |
| | | Projection | 21.46506 | 464.65526 | 2364.7988 | 9.29E-05 | 1.93E-03 | 437924 |
| | | Difference | -780.03494 | -62887.345 | -85936.201 | -0.1445715 | -0.1997097 | 0 |
| | | % | -97.32% | -99.27% | -97.32% | -99.94% | -99.04% | 0.00% |
| | 2009 | Data | 802.3 | 588847 | 154040 | 2.6210118 | 0.6856461 | 224664 |
| | | Projection | 10.075873 | 321.42564 | 1934.5475 | 2.85E-05 | 1.81E-04 | 224664 |
| | | Difference | -792.22413 | -588525.57 | -152105.45 | -2.6209834 | -0.6854654 | 0 |
| | | % | -98.74% | -99.95% | -98.74% | -100.00% | -99.97% | 0.00% |
| | 2010 | Data | 803.39 | 58163 | 221668 | 0.2303 | 0.8778 | 252521 |
| | | Projection | 6.359002 | 262.31754 | 1754.5492 | 2.39E-05 | 4.06E-04 | 252521 |
| | | Difference | -797.031 | -57900.682 | -219913.45 | -0.2302761 | -0.8773942 | 0 |
| | | % | -99.21% | -99.55% | -99.21% | -99.99% | -99.95% | 0.00% |

注：Data 表示各个投入产出指标的实际值；Projection 表示各投入产出指标投影值，即效率值为 1 所需的数值；Difference 表示各个投入产出指标投影值与实际值的差，差值为正的则表示实际值小于投影值，意味着投入或产出不足，差值为负的则表示实际值大于投影值，意味着投入或产出过剩；% 则表示差值和实际值之比。

由表 7-4 可以看出，2008～2010 年黑龙江国有林区、吉林国有林区、内蒙古国有林区都存在着严重的投入冗余现象，以 2010 年为例，黑龙江国有林区有效性系数为 0.0186，不在有效前沿面的主要原因有林地面积、从业人员年末数、固定资产投资完成额、劳动投入率、资本投入率相对溢出分别达 98.14%、99.48%、98.14%、99.85%、99.07%；吉林国有林区有效性系数为 0.0345，不在有效前沿面的主要原因有林地面积、从业人员年末数、固定资产投资完成额、劳动投入率、资本投入率相对溢出分别达 96.55%、98.77%、96.55%、99.88%、99.31%；内蒙古国有林区有效性系数为 0.0079，不在有效前沿面的主要原因有林地面积、从业人员年末数、固定资产投资完成额、劳动投入率、资本投入率相对溢出分别达 99.21%、99.55%、99.21%、99.99%、99.95%。

由此，东北内蒙古国有林区林业产业的投入产出效率低下的原因可归纳为以下几点：一是劳动力资源闲置严重、林业机构和人员的工作效率低下，已成为制约林区林业经济发展的最主要的因素之一，因而分流及安置企业富于职工是林区林业改革的重中之重；二是森林资源、资本利用效率低，与效率值为 1 的省份相比，同等的投入产出值却较低，存在着资源的浪费；三是技术水平低，企业生产设备、生产方法、产品技术含量较低，现代的林业生产技术在林业企业生产中并没有广泛应用；另外，除技术落后外，林业企业的经营管理经验不足、管理理念及方法落后也是导致投入产出效率低下的重要原因，在诸多的大型企业中存在着较为严重的 X 非效率现象。因此，提高资源的投入产出效率是东北内蒙古国有林区林业产业快速发展的有效途径。

由以上分析可知，东北内蒙古国有林区林业产业产出规模及效率都较低，林业产业发展水平在全国处于低水平，提高林业产业的产出规模、投入产出效率是东北内蒙古国有林区林业产业得以发展的关键，具体措施将在第 8 章论述。

## 7.3 本章小结

本章分别从产业规模的角度、林业投入产出效率的角度对林区林业产业发展水平评价。从产出规模上看，黑龙江、吉林、内蒙古国有林区有林地面积分别位于全国第 5 位、22 位、15 位，而林业总产值分别位于全国第 21 位、第 26 位、第 28 位的结论；从林业投入产出效率上看，得出黑龙江国、吉林、内蒙古国有林区投入产出效率分别位于全国第28位、第26位、第30位，有林地面积、从业人员年末数、固定资产投资完成额、劳动投入率、资本投入率都存在着严重的投入冗余现象，资源、劳动力、资本投入过剩、科技贡献低等结论。

# 8

# 东北内蒙古国有林区林业产业发展总体思路及支撑体系构建与完善

由第5章分析可知东北内蒙古国有林区林业产业正处于产业生命周期的成长期，符合成长期产业的诸多特征，主要表现为产业结构渐趋于合理、渐趋于高级、产品附加值不断提高；产业集中度较低、产品差异较小且有增大趋势、加工企业量大幅增加、进入壁垒较低；产业布局分散、集聚效应较差；由第6章分析可知在林区林业产业演进过程中受经济体制改革、消费拉动、劳动力供给、天保工程政策等显著因素的影响，人力资本及物质资本对产业演进的推动作用不明显，科技贡献不大，林区林业产业仍然属于劳动密集型产业；由第7章可知林业产业发展水平不高，在全国31个省份范围内东北内蒙古国有林区处于劣势地位。基于此，本章提出东北内蒙古国有林区林业产业发展总体思路，并构建与完善其支撑体系，以使处于快速成长期的林业产业能够顺利成长为强大的成熟产业，并能保持长久的竞争力。

## 8.1 林业产业发展总体思路

林业产业演进是林业产业经历其生命周期的一种过程。一方面，林业产业演进在时间上表现为各种生产要素在各亚产业之间以及各林业企业之间的不断流动与消长；在空间上表现为各种生产要素、各林业产业部门以及各林业企业在空间地域上的不断流动、集聚或转移。另一方面，林业产业的演进又直接表现为林业产业结构、林业产业组织和林业产业布局的逐步合理化及高度化。基于林业产业演进规律的东北内蒙古国有林区林业产业发展总体思路是：以优化林业产业结构、提高市场集中度、形成规模经济、提高市场绩效、形成有区域竞争力的产业集群为目标，实现林业产业的高效、持续演进，其要义如图 8-1。

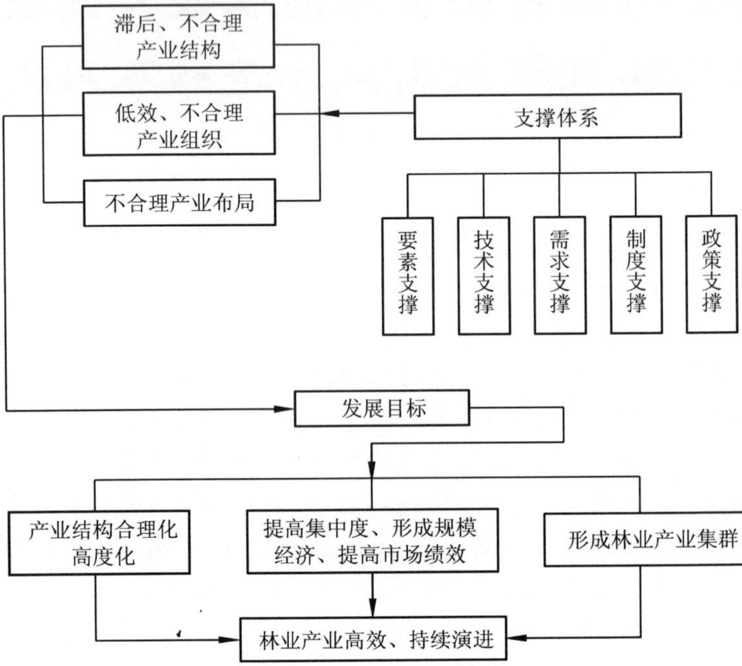


**图 8-1　东北内蒙古国有林区林业产业发展思路图**

### 8.1.1　优化林业产业结构

东北内蒙古国有林区林业产业结构发展目标：实现林业产业结构的优化，林业产业结构从不合理到合理的调整过程就是林业产业结构合理化过程，在合理化基础上由滞后向高度化迈进过程就是林业产业结构优化过程。林业产业结构合理化是指林业三次产业间及林业各亚产业之间协调能力的加强和关联水平的提高，它是一个动态的过程。产业结构高度化主要是指产业结构从低水平状态向高水平状态的发展，是一个动态的过程，体现为林业产业高附加值化、高技术化、高集约化、高加工度化。在林业产业结构优化调整的过程中，最核心的内容就是主导产业的培育与选择、衰退产业的退出与转型，两者是林业产业结构趋向合理化和高级化的关键。

前文对林业产业的演进阶段进行了测度，认为林木培育与种植业、经济林产品种植与采集业、人造板加工业、木制品制造业、木制家具制造业、林业旅游与休闲服务业正处于成长期，木材采运业、锯材木片加工业处于衰退期，需要进一步研究的问题是从处于成长期的产业中培育和选择出林业主导产业、对处于衰退期的产业应如何扶持引导其发展，因此，下文将对其进行研究。

#### 8.1.1.1　主导产业的选择与培育

产业生命周期理论和主导产业选择理论认为，一般选择处于产业成长期的产业作为主导产业，本书将从处于成长期的林木培育与种植业、经济林产品种植与采集业、人造板加工业、木制品制造业、木制家具制造业、林业旅游与休闲服务业中选择增长速度快、产业关联性强的产业作为东北内蒙古国有林区主导产业培育。

(1)林业主导产业选择基准。产业经济学理论认为，区域主导产业选择的基准有区域比较优势基准、收入弹性基准、生产率上升率基准和关联效应基准等。每一基准都有特定的含义和可操作性，根据林业产业的特征和数据的可获程度，本书选择区域比较优势基准来选择东北内蒙古国有林区的主导产业。

(2)主导产业选择的方法。大卫·李嘉图在其代表作《政治经济学及赋税原理》中提出了比较成本贸易理论(后人称为“比较优势贸易理论”)。其观点为各国应集中生产并出口其具有“比较优势”的产品，进口其具有“比较劣势”的产品，且比较优势是一种动态的优势，任何优势都不是一成不变的，它要随着社会的发展和市场的变化不断发生交替和变化。依据比较优势理论，各地区应大力发展具有比较优势的林业产业，放弃没有优势的林业产业，且要根据资源和市场的变化情况，调整林业产业结构，从而保证其比较优势。

目前，测度比较优势的主要方法有显示比较优势指数法、国内资源成本法、区位商法、综合比较优势指数法等。本书采用区位商法来测算林业产业的比较优势。区位商又称专业化β指数，是指一个地区特定部门的产值在地区工业总产值中所占的比重与全国该部门产值在全国工业总产值中所占比重之比，其简单模型为：

$$\beta = \frac{e_{ij}}{e_i} / \frac{E_j}{E}$$

式中：$\beta$——$i$ 地区 $j$ 部门的区位商；

$e_{ij}$——$i$ 地区 $j$ 部门的产值；

$e_i$——$i$ 地区工业总产值；

$E_j$——全国 $j$ 部门的总产值；

$E$——全国工业总产值。

鉴于将要考察的是林业内各亚产业比较优势，因而在计算 $\beta$ 指数时，用林业产业的产值指标对其模型进行了适当的修正，具体如下：将 $e_i$ 由 $i$ 地区工业总产值改为 $i$ 地区林业总产值，$E$ 由全国工业总产值改为全国林业总产值，其他不变。因此，$\beta$ 指数的分子是 $i$ 地区 $j$ 亚产业的产值在该地区林业产业中的份额，分母是全国 $j$ 亚产业在全国林业产业中的份额。它能够测度该地区的林业生产结构水平与全国平均水平之间的差异，借此可以评价一个地区的林业产业专业化水平。如果 $\beta > 1$，说明该区域 $j$ 亚产业的集中程度大于全国平均水平，是该区域的专业化部门和产品输出部门；区位商越大，则该区域该亚产业的集中程度越高。但 $\beta$ 是一个相对值，只是反映了区域专业化的相对程度，并不能完全反映区域的实际专业化程度。区位商大于 1 的亚产业可能是在实力较弱的区域，此时区位商虽然很高，但由于区域总体林业经济规模较小，则该亚产业的总量规模有可能很小。因而需要再考虑产值，看其绝对值是否高于平均水平，若 $\beta$ 大于 1 且产值指标也好于全国的平均水平，就可认为该亚产业具有地方优势，也即该产业在该地区形成了一定的空间集中，有了一定的规模，达到了某种程度的地方专业化，有一定的比较优势。综上所述，具有地方比较优势的林业亚产业必须满足两个标准：第一个标准是某地区某产业的 $\beta$ 指数必须大于 1，指数越大，排名越前，说明比较优势越强。第二个标准是该地区该产业的产值必须高于全国的平均水平。通常用区位商即 $\beta$ 指数及产值比重等指标来选择判断一个地区的主导产业，在我国将区位商 $\geqslant 2$、产值比重 $\geqslant 15\%$ 的亚产业作为一级主导产业，将区位商 $\geqslant 1.5$、产值比重 $\geqslant 10\%$ 的亚产业作为二级主导产业。[115]

(3)主导产业确定与培育。本书运用2008~2010年这3年统计数据对6类处于成长期的林业亚产业的区位商及产值占总产值比重进行了计算，计算结果见表8-1。

**表8-1 2008~2010年林业亚产业区位商及比重(%)**

| | 2008 | | | | 2009 | | | | 2010 | | | |
|---|---|---|---|---|---|---|---|---|---|---|---|---|
| 产值（亿元） | 东北内蒙古 | 全国 | 区位商 | 比重（%） | 东北内蒙古 | 全国 | 区位商 | 比重（%） | 东北内蒙古 | 全国 | 区位商 | 比重（%） |
| 林业产业 | 243.29 | 13675.34 | | | 247.13 | 16668.98 | | | 286.56 | 21854.74 | | |
| 林木培育与种植业 | 9.95 | 1064.09 | 0.53 | 4.09 | 10.25 | 1302.50 | 0.53 | 4.15 | 13.55 | 1478.57 | 0.70 | 4.73 |
| 经济林产品种植与采集业 | 13.16 | 3456.34 | 0.21 | 5.41 | 22.60 | 3903.20 | 0.39 | 9.15 | 26.20 | 5158.19 | 0.39 | 9.14 |
| 人造板制造业 | 15.88 | 1672.95 | 0.53 | 6.53 | 17.88 | 2049.61 | 0.59 | 7.23 | 19.20 | 2663.95 | 0.55 | 6.70 |
| 木制品制造业 | 38.65 | 717.29 | 3.03 | 15.89 | 37.19 | 888.79 | 2.82 | 15.05 | 44.26 | 1176.78 | 2.87 | 15.45 |
| 家具制造业 | 6.90 | 1058.06 | 0.37 | 2.84 | 7.58 | 1481.45 | 0.34 | 3.07 | 9.63 | 1635.46 | 0.45 | 3.36 |
| 林业旅游与休闲服务业 | 12.32 | 689.64 | 1.01 | 5.06 | 20.02 | 965.23 | 1.40 | 8.10 | 23.36 | 1310.37 | 1.36 | 8.15 |

数据来源：根据《2008~2010中国林业统计年鉴》数据整理得出。

由表8-1可知，在考察的6个亚产业中$\beta$值3年始终大于1的有2个，木制品制造业和林业旅游与休闲服务业。木制品制造业$\beta$值3年都在2以上，且产值占总产值比重始终大于15%，因此，可作为一级主导产业；林业旅游与休闲服务业$\beta$值3年都在1以上，且有增长趋势，满足作为主导产业的第一个条件，而产值所占比重不足10%，不满足作为主导产业的第二个条件，但随着二期天保工程的实施东北内蒙古国有林区木材产量有一期的1094.1万$m^3$，分三年调减到402.5万$m^3$，这不仅意味着按现有木材价格计算，木材采运业产值将减少近2/3，更意味着二期天保工程的推进将为林业旅游与休闲服务业的快速发展提供新契机，因而，随着木材采运业产值减少及林业旅游与休闲服务业的发展势必会提高林业旅游与休闲服务业产值在总产值中所占的比重，并很快会超过10%，因此，可将林业旅游与休闲服务业作为二级主导产业培育。另外，随着国家林业战略思想由以木材生产为主向以生态建设为主的历史性转变，林业旅游与休闲服务业必将成为林区新的经济增长点，且东北内蒙古国有林区森林景观资源极为丰富，拥有国家级自然保护区38处及森林公园59处，且景观基本保持原始风貌，具有发展森林旅游业的优越条件，更加有力证明了可将林业旅游与休闲服务业作为主导产业来培育和发展。

因此，东北内蒙古国有林区应以木制品制造业和林业旅游与休闲服务业作为近期及未来一段时间的主导产业，通过其主导作用带动林业其他产业的发展，使林区的林业产业实现合理化和高度化。

#### 8.1.1.2 衰退产业扶持与引导

自1986年实施森林采伐限额政策后，东北内蒙古国有林区的木材产量自1987年逐年下降，通过第5章的分析可知木材采运业、锯材木片加工业已处于衰退期，由于资源的恢复需要漫长的时间，加之国外原木出口的贸易壁垒，会使木材采运业、锯材木片加工业发展面临更为严峻的考验，而且在较长一段时间内不容乐观，但作为资源性产业又不能通过产业政策使其退出市场，因为是其他产业发展的基础，因此，应对其适当的扶持与引导，对于木材采运业国家可进一步完善实施天保工程、速生丰产林建设工程、森林限额采伐政策、封山育林政策、森林的分类经营政策等，使森林能够休养生息，实现森林的可持续经营，木材采运业将会迎来新的成长期；对于锯材木片加工业国家可通过林产品贸易政策及其他手段增加原木及锯材的进口量，缓解林产品供求的缺口。

### 8.1.2 优化与创新产业组织

#### 8.1.2.1 有效竞争标准

东北内蒙古国有林区林业产业组织优化的最终目标就是建立林业产业市场有效竞争的格局。所谓有效竞争，简单说就是既有利于维护竞争又有利于发挥规模经济作用的竞争格局，其中，政府的公共政策将成为协调两者关系的主要方法或手段。梅森提出两大类基本的有效竞争标准：一是将能够维护有效竞争的市场结构的形成的条件归纳为市场结构标准；二是将从市场绩效角度来判断竞争有效性的标准归为市场绩效标准，称之为“两分法”；继梅森之后一些经济学家又提出“三分法”，从S-C-P三方面提出有效竞争的衡量标准。本书参照“三分法”结合林业产业的特征提出有效竞争的标准：

1. 市场结构方面规模经济与竞争兼容的寡占型的市场结构

(1)林业产业集中度较高，以市场占有率较高的为数不多的大型企业集团为主导；

(2)林产品市场的买者和卖者不能占有市场的绝大部分资源；

(3)林业企业进入的壁垒较高；

(4)经营管理效率较低、绩效差的林业企业退出市场的壁垒较低；

(5)不存在过度竞争、能够发挥规模经济效益。

2. 市场行为方面

企业集团间及与中小企业间的竞争与协调行为有机结合。

(1)提高产品和服务差异度的策略性行为成为主要的非价格竞争手段；

(2)存在着经营效率高、资金雄厚大企业兼并经营效率差、实力较弱小企业的横向一体化及纵向一体化行为；

(3)市场上的林业企业间不存在损害消费者福利的合谋行为；

(4)大中小企业间形成分层竞争的产业组织结构。

3. 市场绩效方面

竞争机制能够使林产品市场的资源实现高效配置。

(1)企业的生产活动和管理活动效率高，不存在 X 非效率；

(2)技术创新及进步推动企业不断改进生产工艺，制造新的产品；

(3)不存在木材超采和林产品生产过剩，产品销售率、企业利润率高于全国平均水平；

(4)林产品的种类和质量能随市场环境的变化作出积极响应。

#### 8.1.2.2　林业产业组织优化的具体思路

根据第 4 章的分析研究，除家具制造业、人造板制造业、林业旅游与休闲服务业产业集中度较高外，其余产业集中度较低，大部分属于分散竞争性的市场结构，产品的差异化程度非常小，林业产业的进入壁垒较低、退出壁垒较高；市场行为仍以价格竞争为主要手段，企业间很难形成兼并和联合；林业企业的经营效率差、产品销售率低、企业利润率低、技术创新速度慢、贡献小，基于此，提出林业产业组织优化的具体思路。

8.1.2.2.1 构建寡占型市场结构

针对东北内蒙古国有林区林业产业集中度低、经营绩效低下的现状，从提高资源配置效率和增进消费者福利的角度出发，应构建以促进有效竞争为基本目标的适度集中的网络型寡占型市场结构。在该种市场结构中，大中小企业之间形成一种网络型的合作关系，大型林业企业将作为网络的核心居于支配地位，与中小企业间形成分层竞争格局，一方面是居于市场主体的大型林业企业在市场份额、产品质量等方面展开竞争；另一方面是处于大企业外围的、与之具有协作关系的大量中小企业为巩固在分工协作体系中的地位而展开竞争。大企业对中小企业在生产效率、技术创新和市场竞争力提高等方面形成强大的促进作用和辐射效应[116]。东北内蒙古国有林区诸多林业亚产业产品市场实现由分散竞争型向较高寡占型转变，主要通过以下途径。

1. 提高产品差异化程度

产品差异化是影响市场结构的一个主要因素，企业控制市场的程度取决于它们使自己的产品差异化的成功程度。除了完全竞争市场(产品同质)和寡头垄断市场(产品单一)以外，通常产品差异是普遍存在的。企业对于那些与其他产品存在差异的产品拥有绝对的垄断权，这种垄断权构筑了其他企业进入该市场或行业的壁垒，形成竞争优势[117]。同时，产品市场上的消费者有着不同的需求偏好，企业可通过各种产品差异化的渠道提高产品的差异性，以区别于其他同类产品以吸引购买者，从而引致消费者的偏好和忠诚，这样，消费者的偏好忠诚度对以其他现有企业以及欲要进入市场的企业构筑了强有力的进入壁垒。

对林业企业来说，林产品同其他产品一样面临多种多样的消费群体，每一消费群体对林产品需求是不同的，林业企业可通过产品质量、外观、性能、价格、广告、品牌、服务、营销等手段的差异，提高林产品的差异化。林产品多种多样，属性也不尽不同，分别处于产业链的前、中、后端，处于产业链前端的产品大都属于原料型产品，如木材，原料型产品差异化程度较小，而处于产业链中、后端的产品大都属于中间型加工产品、最终消费品，如人造板、地板、家具等林产品，可着重提高这类产品的差异化程度，形成竞争优势，通过市场的“优胜劣汰”机制，提高诸多林产品市场的集中度。

2. 提高进入壁垒

进入壁垒是影响市场结构的重要因素，施蒂格勒提出的，他认为进入壁垒是新厂商比老厂商多承担的成本，也是潜在进入者成为现实进入者时必须克服的困难。东北内蒙古国有林区诸多林业亚产业进入壁垒较低，主要表现为规模效应壁垒极为不明显、资源和技术壁垒不明显、产品差异性壁垒不明显、法律政策性壁垒不明显等。而推行林产品市场准入制度和认证制度恰恰是提高林业产业进入壁垒低的重要制度保障。市场准入制度是国家对市场进行干预的基本制度，它作为政府管理的第一环节，既是政府管理市场的起点，又是一系列现代市场经济条件下的一项基础性的、极为重要的经济法律制度[118]。市场准入制度是维护市场秩序及消费者利益的重要的手段，同时也是调和规模经济和竞争活力之间矛盾的重要手段，制度的松紧程度直接影响着市场主体进入市场的成本和难易程度，影响着市场秩序和交易安全，影响着经济效益和活跃程度[119]。从东北内蒙古国有林区的实际情况看，正是较低的市场准入条件，使得较多的技术水平低、资源利用效率低、环保意识淡薄、高能耗高污染的木材加工企业顺利地进入林产品市场，导致森林资源浪费严重、生态环境受到一定程度的破坏，且导致市场上的企业间无序恶性竞争，因此，应建立完善林产品市场准入制度，在保护了生态环境和消费者利益同时，实现了企业间的合理的有效地竞争。

随着林业产业的发展，林产品日益丰富，包括木制的非木质的、有形的无形的，因此，政府应出台相关的标准和条例，对林产品的质量展开认证，通过林产品的质量认证体系的建立，支持鼓励一批质量好、价格优、绿色环保的产品通过实施品牌战略，走出林区，成为国内外市场占有率高、需求旺盛、竞争力强的优质产品。那么，如何建立市场准入制度和认证制度将在下一节具体介绍。

3. 降低退出壁垒

退出壁垒高不能使经营绩效差、不景气的企业退出该行业，致使企业之间竞争激烈，相当多的企业会因竞争不利而陷入困境，由于退出壁垒成本过高、障碍过大，只能维持现有的低效率的经营，不能通过市场机制的作用实现“优胜劣汰”，实现林业产业组织的优化。

降低退出壁垒，首先，要加快国有森工企业经济体制改革，使国有森工企业能够真正的走向市场，成为市场主体，实现产权清晰、责权明确、独立自主、自负盈亏现代化的企业，这需要进一步理顺国家林业局、地方政府与森工企业之间的关系，通过建立有效地企业破产机制，处理好森工企业的债务、人员安置等问题，发挥价值规律的作用。其次，国家和政府可以采取一系列的援助性的政策，对欲将退出该市场的林业企业在转产时给予一定的优惠政策，如给予优惠、优先贷款等；再次，森工林区职工的失业、再就业、养老、医疗等社会保障问题应给予特殊的关注，使分流的职工能够得到妥善的安置，解决他们的后顾之忧，也减轻了林业企业的社会负担。

8.1.2.2.2 鼓励发展大企业集团实现规模经济效益

通过林业企业间的水平兼并与垂直兼并可以扩大企业规模，通过管理和技术的创新能够提高企业运行效率，获得规模经济效益，提高企业的竞争力。而目前，东北内蒙古国有林区林业企业普遍存在着规模小、规模经济效益不明显，而解决问题的主要办法就是使优势企业进行规模扩张，扩张离不开资本，但如果完全依靠企业自身的积累进行规模扩张，并不是最优的选择，对于优势的林业企业最好的选择就是对其他企业进行兼并，通过资产重组的方式，由以中小企业为主的林业产业组织结构，转变为以大企业为龙头的林业产业组织结构，并能够改变原有企业林产品品种单一的状况，促进龙头企业产品结构的优化组合；通过林业企业之间的兼并使具有技术优势、产品优势、市场优势企业之间形成优势互补，使兼并后的大企业能够以技术开发和技术创新为动力，提高企业的技术水平，同时会对其他林业企业技术创新起到很好的示范作用，带动产业整体技术水平提高，推动产业结构优化升级。

但值得一提的是，大型林业企业集团的形成要依靠市场机制，而不是依赖政府的行政命令，只有通过市场的优胜劣的竞争机制才能够使兼并后的大企业集团具有较强的竞争活力，才能实现资源的高效配置；政府可鼓励林业企业之间进行兼并，提高企业的竞争力，政府应给予林业企业适当的融资、税收等方面的优惠政策。

8.1.2.2.3 支持中小企业发展

虽然实现规模经济效益的主体是大型林产品企业，但支持专业化程度高、运行效率较高具有一定竞争实力的中小林业企业的发展，同样是林业产业组织优化的重要内容。由于中小企业具有机动灵活、善于应变、工作效率较高、勇于创新、富于进取等优势，其适度存在可以保持产业竞争的活力，形成与大型企业的配套支撑，从而进一步推动产业规模化经营的形成[120]。林业中小企业可以通过原材料、零部件的、生产工艺的分包制积极参与到以大企业集团为核心的社会分工协作体系中，形成大中小分层级的林业企业规模结构。支持中小企业发展的具体措施主要有：第一，鼓励和促进中小企业的专业化分工，中小企业应根据自身特点发展适合自己的产业，政府应对生产“精、尖、特、优”产品的林业企业给予鼓励和扶持，引导其走“小而专、小而精、小而优”的发展道路；第二，针对林区林业中小企业分散经营、条块分割、组织无序等弊端，政府应组建中小企业管理机构，对中小企业的经营活动统一管理、统一监督，为中小企业提供各种咨询、培训等服务，给予资金、劳动力、技术等方面的扶持和资助，为中小企业参与以大企业集团为核心社会分工协作体系营造良好的环境。

### 8.1.3　培育和发展林业产业集群

根据第4章对东北内蒙古国有林区诸多林业亚产业集聚水平的测度，家具制造业、人造板制造业、林业旅游与休闲服务业处于产业集群的起飞期，具有较为明显的产业集群现象，主要集中在黑龙江森工集团的伊春林管局；处于产业集群形成期的经济林产品的种植与采集业主要集中在在合江林管局和牡丹江林管局，在大兴安岭林管局的新林、呼中、松岭林业局也有一定的集聚；林木培育与种植业、木材采运业、锯材木片加工业、木制品制造业处于产业集群的初期阶段，集群现象不明显，在84个林业企业的分布较为均衡，企业间的生产规模相差不大，集中度较低。东北内蒙古国有林区有的产业已形成较为明显的产业集群，应进一步提高其集聚度，而对于集群现象不明显的产业，应培育、引导使其逐渐地形成产业集群。下文将结合东北内蒙古国有林区产业集群发展的实际情况，分产业提出林业产业集群构想。

#### 8.1.3.1　林木培育与种植业

由表4-2可知林木培育与种植业主要集中在内蒙古森工集团，吉林森工集团的弯沟、三岔子、松江河、泉阳、红石林业局，延边林业集团的白河、天桥岭林业局。因此，可将以上区域作为重点培育、发展林木培育与种植业产业集群。

#### 8.1.3.2 木材采运业

木材采运业主要集中在大兴安岭林管局的新林、松岭、十八站、西林吉、韩家园林业局及内蒙古森工集团莫尔道嘎、根河、乌尔其汉林业局。因此可将以上区域作为重点培育木材采运业产业集群。

#### 8.1.3.3 经济林产品的种植与采集业

经济林产品的种植与采集业主要集中黑龙江森工集团的清河、东方红、穆棱林业局，也即在合江林管局和牡丹江林管局形成了产业集群，今后应进一步重点培育、发展经济林产品的种植与采集业产业集群。

#### 8.1.3.4 锯材木片加工业

经济林产品的种植与采集业主要集中在黑龙江森工集团的带岭、新青、美溪、清河、东方红林业局及大兴安岭林管局的松岭、十八站、西林吉林业局，因此，可将以上区域作为重点培育锯材木片加工业产业集群。

#### 8.1.3.5 人造板制造业

人造板制造业主要集中在黑龙江森工集团伊春林管局的朗乡、汤旺河、乌马河林业局及延边林业集团的白河、和龙林业局，并在上述区域产业集聚度较高，今后应进一步重点培育、发展人造板制造业产业集群。

#### 8.1.3.6 家具制造业

家具制造业主要集中在黑龙江森工集团伊春林管局的双丰、金山屯、友好、新青、南岔林业局及延边林业集团的敦化林业局，且在此区域已形成较为明显的产业集群，因此，今后应进一步在这些区域重点培育、发展家具制造业集群，依靠区域产业竞争力优势，使其品牌产品走向国际市场。

#### 8.1.3.7 木制品制造业

木制品制造业主要集中在黑龙江江的伊春林管局的双丰、朗乡、汤旺河、乌马河、翠峦、友好、红星林业局；牡丹江林管局的海林林业局；延边林业集团的敦化、珲春林业局。因此，可将以上区域作为重点培育木制品制造业产业集群。

#### 8.1.3.8 林业旅游与休闲服务业

林业旅游与休闲服务业主要集中在黑龙江森工集团伊春林管局五营、汤旺河、金山屯、美溪、铁力林业局及延边林业集团的敦化林业局，且在此区域已形成较为明显的产业集群。因此，今后应进一步重点培育、发展林业旅游与休闲服务业，打造北方特色森林旅游品牌，使其成为林区经济增长的新亮点。

## 8.2 林业产业发展支撑体系构建与完善

林业产业发展目标的实现，离不开资源、制度、政策等要素的支撑，下文将依据林业产业演进影响因素的分析结果及林业产业发展的总体目标，从要素、技术、需求、制度及政策方面构建或完善促进林业产业发展的支撑体系和具体对策。

### 8.2.1 建立与完善产业发展要素支撑体系

这里的“要素”主要指的是“生产要素”，生产要素主要包括森林资源、劳动力、人力资本、物质资本，下文将一一论述。

#### 8.2.1.1 积极培育合理利用森林资源

森林资源是林业产业发展的物质基础，是林产品加工业、林业旅游与休闲服务业、非木多资源开发与利用业发展的重要资源支撑，特别是林业主导产业的发展必须要有充足的高质量的森林资源作为保障，根据主导产业选择的研究可知，木制品制造业和林业旅游与休闲服务业是林区近期及未来一段时间内的主导产业。因此，森林资源的种植与培育要紧紧围绕以上两个亚产业展开，具体措施为：

1. 建立与林业主导产业相匹配的用材林基地

木制品制造业作为东北内蒙古国有林区林业的主导产业，具有较强的带动效应，其快速发展必然会带动人造板、家具等其他木材加工业的发展，这将大大增加对木材的需求，木材供需矛盾将进一步加剧，而依赖从国外及国内其他地区弥补供需缺口，无疑会加大产品的生产成本，因此，建立用材林培育基地是保障林业主导产业及相关产业发展的最重要、最有效的途径。通过合理布局、建立集约化经营资源基地，是林业产业高效发展的基础。东北内蒙古国有林区应在森林分类经营的基础上，按照森林用途和生产经营目的合理确定商品林发展区域，加快推进速生丰产用材林建设，注重应用高新技术对林种、树种、林龄结构进行调整，实行高度集约化经营和短周期轮伐，加快定向培育步伐；以森工企业为依托，采取以定向培育为主的方式，大力建设各类珍稀树种基地；要以实施天然林资源保护工程为契机，采取有效措施，加大低产林改造和中幼林抚育力度，提高本地区商品材供给能力。目前，在吉林森工集团和龙江森工集团已建立了大径级用材林基地，今后还应继续以森工企业为依托，加强其与大型的龙头木材加工企业间的联合，鼓励大型木材加工利用企业以独资、合资、参股、联营等方式投资速生丰产用材林基地建设，真正地把速生丰产用材林基地变为木材加工企业的第一车间。

2. 依托森林资源开发利用森林景观资源

森林景观资源是具有游览、观光、休闲等价值的森林资源，是由森林内动植物资源、森林自然景观资源以及人文资源共同组成[121]。东北内蒙古国有林区有着丰富、独特的森林景观资源，可谓是“林海浩瀚、碧波万顷”，黑龙江林区有着著名的大兴安岭和小兴安岭、张广才岭、老爷岭和完达山五大山脉，有黑龙江、松花江、乌苏里江、嫩江和绥芬河五大水系，分布着红松等 100 多珍贵树种，50 多种野生珍贵动物，270 多种鸟类，吉林长白山林区有红石和露水河、白石山和松江河等著名国家级森林公园，森林公园内分布着分布着丰富的生物景观资源和地文景观资源，内蒙古林区有着诸如阿尔山地区丰富的森林景观资源，截至 2010 年东北内蒙古国有林区森林公园总数增至 59 处，森林公园总面积增至 194.93 万 $hm^2$，林区应依托国家级及省级森林公园，发挥大冰雪、大森林、大湿地、大江河的地域优势，主要措施有：①树立旅游特色品牌。各森工林区应充分挖掘本地具有优势的旅游资源，突出旅游特色，打造国内外知名的品牌。②注重龙头景区建设，打造经典旅游线路。在黑龙江伊春林管局五营、汤旺河、金山屯、美溪、铁力林业局已形成了较为明显的森林旅游业产业集群，可打造哈尔滨－伊春旅游线路，凸显伊春景观魅力。③整合旅游资源，开发新产品。针对各种旅游资源整合后，可开发多项目的旅游产品，如冰雪游、雾凇游、生态观光游、温泉疗养游等产品。

需指出的是，用材林基地建设是针对商品林而言，二森林景观资源的建设主要针对公益林而言，用材林基地的建设规模、景观资源的开发规模直接关系到商品林和公益林的合理划定，因此，林区应继续遵循森林资源的分类经营方针，合理地划定公益林和商品林范围。

3. 依托森林资源建立多资源利用培育基地

以上两点主要是针对林区林业主导产业及关联性较强的相关产业，也即针对木材加工业及林业旅游与休闲服务业提出的保障措施。除此之外，其余的诸多林业亚产业的发展同样需要森林资源作为支撑，应依托森林资源建立多资源利用培育基地，东北内蒙古国有林区有着丰富的森林资源，并随着二期天保工程的实施，森林资源将继续保持较好的增长势头，依托这种资源优势建立高品质的森林食品、中草药材、花卉等名特优新经济林产品生产和出口基地和野生动植物繁育与利用基地。大力发展多资源开发与利用业，不但增加了林业职工的收入，职工收入的增加会引致对林产品的需求，从而刺激林业经济的增长、林业产业的发展，又能在获得经济效益的同时保护生态环境，发挥森林的生态效益。如在黑龙江牡丹江林管局的绥阳林业局已建立了东北地区最大的木耳集散地，成为木耳走出国门的重要窗口。

#### 8.2.1.2　妥善转移剩余劳动力资源

东北内蒙古国有林区劳动力资源十分丰富，在国有林区经济体制改革及天保工程实施后劳动力的数量大量减少，但劳动力影响因素回归系数由 0.529 变为成长期 0.618，即劳动力人数的减少增强了其对林业产业演进的正向推动作用，说明劳动力数量的减少有助于提高林业产业的投入产出效率，第 7 章对林业产业发展水平测度时也同样得出劳动力投入存在着严重冗余，因此，林业企业富余劳动力的转移是加快林业企业发展的重要途径。富余职工的安置问题是劳动力转移的重中之重，应加强失业、再就业、养老、医疗等社会保障体系建设，解决转移劳动力的后顾之忧，并能够自力更生、通过再就业获得更高的经济收入。大兴安岭森工集团在这方面已经取得了一定的成功的经验，在天保工程实施以后，对现有林场国有职工，采取符合条件退一批，用国家天保工程一次性安置政策买断一批，用林场的有效资产置换一批的办法，逐步分流、安置林区的职工 7.7 万人，为建立市场化的用人机制创造了条件[122]。

#### 8.2.1.3 加强人力资本积累

资本分为物质资本和人力资本，人力资本对林业产业的影响越来越大，但人力资本对东北内蒙古国有林区林业产业演进的作用不显著。因此，应加强人力资本的投资，提高劳动力的质量，从根本上缓解林业人力资本相对不足的现状，主要措施有：

1. 加强林区基础教育

基础教育是提高林区劳动力素质的主要渠道，但是林区当前的林业基础教育仍然十分薄弱，教学条件简陋、教师素质不高，必须继续加强林区基础教育，建立健全多元化的基础教育办学模式，不断改善基础教育的办学条件，更新林区教育观念，加快应试教育向素质教育的转变，促进林区劳动力素质的提高。

2. 开展多渠道的职业技术培训

林区优秀的生源考入到高等院校大学毕业后回到林区工作的极少，林区以外的生源更不愿意回到林区工作，与此同时很多没有考上高等院校的林区青年又没有机会受到林业专业技术和技能的相关培训。所以，在抓好林区基础教育的同时，一方面可以以一定优惠政策吸引外来人才到林区工作，另一方面注重挖掘自身的人力资源潜力，对现有人力资源一定要进行多样化、科学、系统的短期或中长期职业技术培训，请东北林业大学等高校专家、教授为林农和木材加工人员推广实用技术，解答技术难题等。

#### 8.2.1.4 加大物质资本投资及提高其利用效率

物质资本对东北内蒙古国有林区林业产业演进的作用不显著，主要是资本的投入产出效率低，一方面是由于国家对国有林区固定资产投资占 70% 以上，国有资产的经营效率低，且流失严重，是造成资本投入产出效率低下的根本原因；另一方面，由于实施天保工程之后，国家加大了对林区的资产投资，但由于林业是一个投资长、见效慢的特殊行业，资本对产业发展的贡献还没有显现出来；因此，在利用天保工程投资的同时，积极利用民间投资，使投资主体多元化是提高资本利用效率的最根本的途径。主要措施有：给予大中型林业企业、林业职工融资优惠政策，允许林业经营者依法以林木所有权、林地使用权抵押申请银行贷款，鼓励林业企业上市融资，拓宽融资渠道；鼓励大、中型工业用材企业建设原料林基地，实行林工一体化；实行林地使用权的拍卖、转让，引进民间资金，培育林业大户；加大招商引资力度，将木材精深加工项目、具有规模优势的大项目、高科技含量项目作为招商引资的重点。

### 8.2.2　健全产业发展的技术支撑体系

林业科技创新与进步是优化林业产业结构，提高林业产业组织效率、合理林业产业布局的根本动力，但科学技术对东北内蒙古国有林区林业产业演进没有起到主导作用，主要是由于科技水平低、技术落后引起的，提高林区技术水平的主要措施有：

#### 8.2.2.1　树立创新发展意识，增加科技创新投入

改变传统的思想观念，树立创新发展意识是企业技术创新活动的前提，破除过去因循守旧、墨守成规的经济思想，树立市场竞争的观念，树立以科技为先导的观念。只有更新观念，改变传统思维定势，林业企业才能通过技术创新提高市场竞争力。另外，企业应加大科技创新的投入，在企业无力对科技创新有更大投入的情况下，政府应加大对企业科技创新资金投入的力度，金融部门采取优惠措施为企业科技创新活动注入资金，以扶持林业企业科技开发活动。

#### 8.2.2.2　进一步提高森林培育技术

森林培育技术主要有林木良种选育、林木丰产栽培、保护经营、工业用材林定向培育、森林病虫害防治等技术，通过以上技术开发与引进，培育出产量、品质、抗性等方面具有突破性的林木良种，提高育种手段和育种效率，为林业资源基地的建设奠定坚实的基础[123]。森林资源培育技术水平的提高，是实现森林可持续经营的技术保障，森林可持

续经营的实现意味着林产工业的发展有着充足的、高质量的森林资源作为支撑，资源对林业产业的发展将起到显著地推动作用。

#### 8.2.2.3 创新林产品加工技术

各种林产品精、深加工技术的开发与应用是提高林产品附加值的重要的手段，通过技术创新增加林产品科技含量、提高林产品质量和档次、降低林产品生产成本、能够提高林产品在国内及国际市场的竞争力，才不至于在激烈的市场竞争中被淘汰，林业企业在增大利润空间的同时，通过示范效应带动其他林业企业进行技术创新，从而使整个林业产业的技术水平得以提高、产品得到优化、产业结构得以升级市场绩效得以改善。另外，非林非木资源综合开发利用技术的创新与应用，能够推动林区非林非木产业的发展，如野生动植物繁育技术水平的提高，会为林区职工创造更多的就业机会和带来更高的经济收入。

### 8.2.3 建立完善产业发展需求支撑体系

消费需求在社会总需求中所占份额最大，是林业产业演进的牵引动力，消费需求始终对东北内蒙古国有林区林业产业的演进起到正向推动作用，在林业产业今后发展的过程中应进一步增强消费需求对林业产业的牵引动力，主要措施有：

#### 8.2.3.1 提高人均收入水平

人均收入水平影响着林产品的需求总量及需求结构，人均收入水平提高，会增强消费者的购买力，加大对林产品的需求总量，改变林产品的需求结构，高档的林产品成为市场上的主导产品。提高人均收入水平的手段多种多样，主要依赖于林区林业经济的发展，依赖于林业第一、第二、第三产业的发展，而这一切都离不开技术创新的推动作用，因此，政府应当给予林业企业一定的开展技术创新活的优惠政策，制定保障林业职工收入的一系列法律法规，确保职工的利益能够得到有效维护。

#### 8.2.3.2 满足消费者对林产品的个性化需求

随着人们收入水平及科技水平的提高，需求偏好发生变化，对低加工度、低附加值的产品的需求逐渐减少，而对高加工度、高附加值生态环保的林产品的需求逐渐增加，即原有的对林产品的需求在改变，如对高档家具、地板及森林旅游生态产品的需求在不断增加，林业企业应当顺应市场需求，根据消费者需求的变化，可以通过定制营销的手段生产具有个性化的林产品满足不同消费者对林产品的需求；通过扩大林产品的差别化，提高顾客的忠诚度，使高质量、别致、新颖的林产品能够满足更多消费者的需求偏好，扩大产品需求量的同时，可通过市场竞争优化林业企业的生产结构。

#### 8.2.3.3 大力开拓国内外市场需求

扩大林产品需求的另外一条重要途径就是通过多样化的市场营销手段，将林区林产品推广出去，让国内外的消费者认识、了解、忠实林区的特色、品牌林产品。①大力引进营销人才，构建富有营销策略及团队精神的营销队伍，市场竞争力的提高很大程度上依赖于这支队伍的营销能力和水平。②打造各种流通渠道，减少中间流通环节，降低流通成本，使产品在价格上具有较强的竞争力。③利用电子计算机网路，实施现代化的方法，通过建设林产品网上交易平台，为国内外购买者提供便利的条件和基础服务，增强林产品的市场影响力。

### 8.2.4 建立健全产业发展的制度支撑体系

第6章分析了经济体制改革对林区林业产业演进起到了显著地推动作用，工业产值中国有经济所占比重的减少有利于林区经济效益的改善，然而由于其他的制度安排很难量化，没有对其进行量化研究，但同样影响着林区林业产业演进，本章将从林业产权制度及林业市场制度两方面提出具体保障措施。

#### 8.2.4.1 进一步完善林业产权制度

依据林业资产属性的不同可将林业产权分为企业产权和森林资源产权(通常称林权)，根据产权的归属主体的不同可将产权分为国家、集体及个人所有，因此，林业产权可分为国家所有、集体所有及个人所有三种产权形式。在东北内蒙古国有林区建立初期，企业产权及森林资源产权都属于国家所有，而伴随着我国经济体制改革及林权改革的步伐，东北内蒙古国有林区也针对企业产权及森林资源产权进行了改革，主要体现在国有森工企业改革和国有林权改革两方面，以下将一一论述。

1. 进一步深化国有森工企业改革

东北内蒙古国有林区森工企业的所有制结构已经从20世纪70年代末的由国有经济单一公有制的所有制结构转变为包括国有经济、集体经济、个体经济、私营经济等混合所有制结构，其中，林产加工业国有经济所占比重已降至20%以下，而森林资源的基础性产业营林业、采运业国有经济仍占有主体地位。事实证明林产工业的经济体制改革，盘活了企业资产，改善了经营效率、提高了企业利润、促进了林区林业产业结构的优化及林业产业组织效率的改善，而森工直属的仍然保留的国有企业却不然，以黑龙江森工为例，在改革之后所辖的林产工业企业由亏损转为盈利，取得了较好的效果。但2009年未转制的16家林业企业中就有13家亏损，总计亏损额达11381万元，因此，对于林产工业今后民营化改革的方向已十分明确，就是应继续降低国有经济所占的比重，进一步推进民营化改革，对于森工集团所属的生产规模小、技术落后、经济效益差的国有林业企业进行承包、租赁、转让、股份制改革，使之投资主体多元化，为其重新注入生机和活力。

2. 进一步探索和完善林权改革经营模式

林权是指林地的财产权利，它既包括林地所有权和使用权，也包括对依附于林地上的森林进行经营并获得收益的权利。国有林权改革就是改变国家对林地和林木的所有权等权利，放活林地的经营使用权和林木的所有权，改变其单一国有的产权形式。我国将森林资源划分为商品林和公益林，关于两种类型的森林资源应该采取什么样的产权形式，一直是困扰政府及学术界的一个难题，有些学者认为应该改革国有经济效率低下，所占比重不宜过高，在营林业和木材采运业中，无论是商品林还是公益林国有经济成分所占比重的临界值为30%[124]；而有些学者认为，森林资源基础性产业具有显著的正外部性，其产品具有公共品的性质，应由国家和政府来提供，国有经济所占比重一定要占主导地位，特别是公益林，应采取国有的产权形式，而对于商品林可根据不同的条件和情况进行民营化改革。本书赞同后者的观点，公益林采取国有的产权形式，商品林采取市场化运作模式，由市场灵活高效的配置资源，这需结合国有林权改革的经验教训、探索国有商品林改革的市场化经营模式，对于林地经营权目前一般采取的做法是由林业职工承包经营，但由于承包经营没能体现规模经济效益，也难和林业市场衔接，所以可试图采取林户联合经营模式及公司＋基地经营模式，能够减少经营成本、体现规模效益，与能通过公司（企业）媒介与林业市场有效地衔接；对于林木的所有权，目前林改存在的最大问题就是林木所有者并没能真正拥有林木的所有权和处置权，因为承包职工没能顺利拿到《林权证》，没有《林权证》森林资源抵押贷款及林木的市场化流转就不能实现，没有交易的产权就不是完整意义的产权，因此，应尽快发放林权证，以此为法律保障建立活立木流转机制，保证国家、职工各利益主体的权益。

#### 8.2.4.2 进一步深化市场制度

林产品及生产要素交易必须以市场机制为基础，完善的林业市场机制，可以促进林业企业能够贴近林产品市场主体、迅速获得林产品市场信息及制定多元化的市场竞争策略，防止林业企业与市场脱离，实现资源和要素向优势企业转移，提高市场集中度，促进林产品有效配置。但目前林区市场机制仍然不健全，应完善林区林业市场机制，主要对策包括：

（1）提升林业企业生产要素的市场化程度，加强林业资本市场和劳动力市场建设的规范性，为林区开辟更多、更有效率的融资渠道及吸纳高素质的劳动力资源。

（2）进一步深化林业产业市场化体制改革，完善林产品市场创新机制，建立更加合理的林产品市场监管体系，推行林产品市场准入制和认证制度。

（3）给林业企业以充分的经营自主权，设立少数技术性强、规模大、市场前景好的龙头产业项目。使林区在经营规划的宏观控制下，建成多元化、适度分散、相对集中、灵活机动的经营方式，有计划、有步骤地通过承包、租赁、股份合作、联合经营等形式进行各种经营开发，逐渐使资源、产业、产品结构、劳动力结构得到最合理的配置。

### 8.2.5 完善产业发展的政策支撑体系

按照一般经济政策理论，经济政策体系主要由总政策、基本政策和具体政策三个层次构成，其中总政策和基本政策是指经济发展的目标、战略、发展规划、发展纲要等，本章的第一节“林业产业发展的思路及目标”就是林业产业总政策、基本政策的体现，指明了林业产业发展的方向，而林业产业发展思路及目标的实现要辅以必要的林业发展具体政策，具体政策对林业产业发展起直接作用，林业产业政策支撑体系主要包括森林资源政策、财政政策、税费扶持政策、贸易政策、国际投资政策等。森林资源政策又包括森林资源采伐限额政策、林业重点生态工程建设政策、封山育林政策等。在以上诸多政策中与东北内蒙古国有林区林业产业发展关系较为密切的是森林资源政策中森林资源采伐限额政策和天然林保护政策、财政政策、税费扶持政策、贸易政策、国际投资政策，各项政策相互交织共同作用林业产业发展过程。

#### 8.2.5.1 完善森林资源政策

1. 进一步完善森林资源采伐限额政策

森林采伐限额政策是控制森林资源过量消耗、实现森林资源可持续经营的核心措施。自1986年以来，我国开始实施森林资源采伐限额政策，木材产量自1987年后逐年调减，并在“十二五”期间，将继续实行森林采伐限额，但现行森林采伐限额制度存在很大缺陷，一是制度自身缺陷，主要体现在制度造成林权残缺(投资者拥有产权，却无权决定什么时候采伐，以什么方式采伐，采伐多少，使其处置权和收益权被分割)；二是制度执行出现偏差，超采现象依然存在、凭证采伐制度的执行力度不够、森林采伐限额全额管理执行不到位。针对缺陷提出的对策有：①区别对待不同的林业经营主体。我国将森林划分为公益林和商品林，公益林的经营主体为国家，而商品林的经营主体较为多元，经营主体有国家、集体、个人3种类型。对于不同的经营主体应区别对待，对于国家所有的重点公益林，实行禁伐，严格保护，只能进行抚育性采伐或者改造性采伐；对于国家和集体所有的商品林应根据需要适当合理地制定采伐限额；对于个人所有的商品林，应采取市场化的运作方式，以什么方式采伐，采伐多少应由经营主体根据市场需要决定。为此，应构建林业森林采伐报审制度，该制度使经营者对何时采伐、何时抚育以及采伐多少有自主经营的权利，但在采伐之前必须就采伐的地点、面积、树种等内容向本行政区域的林业行政主管部门进行报告，批准后方可采伐，停止了层层下达的采伐限额和采伐指标，在法律上承认经营者对自己经营的林木有决定权，使其遵循市场经济规律和自己的意愿，依据培育目标及市场行情自主采伐，进而及时得到合理的经济回报[125]。②对改变属性的商品林实施限伐或停伐。对自费造林和林地流转后私人业主营造的林木被区划为公益林的，由国家收购，不愿意被区划为公益林的，当地林业主管部门应当与私人业主签订禁伐、限伐协议并给予相应补偿；对于私人业主营造的商品林，其不愿意继续经营又不能转让给他人的，也应当由国家予以收购并给予一定的补偿[126]。③加强森林采伐限额的管理。林业主管部门应加强对森林采伐的监督包括伐前、伐中和伐后监督，对其采伐方式、采伐时间和采伐数量进行规范管理和监督，减少超采、乱采行为的发生。

2. 完善天然林保护政策

天保工程对林区林业产业演进起到了较有力的推动作用，由于衡量指标难以选取，没有将其定量分析，但天保工程通过对人均收入、国有经济所占比重、劳动力等显著因素的直接影响间接影响着林区林业产业的演进与发展。一期天保工程实施取得了阶段性成效，森林管护进一步加强，森林资源过量消耗在整体上得到了有效控制，生物多样性得到有效保护和恢复，营造林速度加快，有林地逐年增加，生态逐年好转；富余人员得到初步安置，职工收入有所提高，林区社会基本稳定；企业社会负担有所减轻，经济危困状况初步得到缓解；林区产业结构得到调整，市场绩效有所改善，产业布局趋于合理。

同样也存在着诸如效益较低，转产项目的选择缺乏科学性、统一性，工程建设基础性工作薄弱，措施不到位，工程建设地方配套资金落实困难等问题。

二期天保工程于 2011 年开始实施，初衷是变“输血功能”为“造血功能”，“造血功能”的实现需要有一系列的科学保障措施作为支撑：①改善天保地区投资环境和政策环境，给予投资和政策的双层倾斜，在财政、信贷、税收、价格、投资等方面实行更灵活更宽松的优惠政策，引导产业向天保地区合理转移。②政企分开，剥离林业企业承担的各项社会职能，减轻企业沉重的社会负担，使国有森工企业健康发展，并能顺利实现天保工程建设的主要目的[127]。③调整投资结构。国家天保工程的资金主要以工程建设为主，如公益林建设、封山育林和森林管护，而对于职工就业、社会保障以及企业转产项目投入相对薄弱，并未充分考虑到社会经济发展协调发展的长期性，因此，必须调整投资结构，应逐渐注重产业性投资，以产业投资为引擎，提高其“造血功能”[128]。

#### 8.2.5.2 建立财税扶持政策

21世纪初，林业第三次被重新定位为“林业是一项重要的公益事业和基础产业，承担着生态建设和林产品供给的重要任务”，因此，需要在国家层面上制定并出台相应的优惠政策以保障和扶持林产业的发展。扶持政策主要包括财政扶持政策、信贷扶持政策、税收扶持政策等，各类扶持都对林区林业产业的发展起到重要的保障。

1. 加大财政扶持力度

第一，国家应针对林业生态建设加大对林业基本建设所需资金的投资力度，建立生态效益补偿基金，根据不同的林木资源实体，按照不同的补偿标准，有效实施森林生态效益补偿。同时，国家应制定相关财政政策，引导社会资金及国外资金投入到林业产业经营中。

第二，各级主管部门和财政部门应针对相关林业产业化的项目划拨专项资金，明确资金划拨计划，做到重点扶持。

第三，各级政府应积极创造各种有利条件，加大林业产业化项目的招商力度，通过引进外资等各种社会资金对林业生产的投入，吸引国内外人才、资金、技术和设备，并给予实行优惠的政策，形成一批在国内外市场具有较强竞争力的林业龙头企业。

第四，针对林业产业的高风险性，应建立风险保障基金，作为林业产业化风险的专项资金，用于保障各产业链的贸易运行[129]。

2. 加大林业信贷扶持力度

建立以国家林业贴息贷款为基础，以林权抵押贷款为主导，以小额信贷为和其他贷款为补充的林业信贷政策体系。林业贴息贷款借鉴国外林业信贷长周期、低利率的做法，如美国、日本造林贷款偿还期为30年，年利率一般为3.5%；林权抵押贷款，即借款人直接以林木资产评估中心出具的评估书、林权证部门办理的《林木他项权证》作为抵押获得金融机构贷款，贷款期限应以中、短期林业信贷为主，这样有了林权证的抵押，商业银行就有了办理林业商业信贷业务的积极性；推进林业小额信贷，在借鉴南方集体林区为林农创办小额贷款的做法，林区可与商业银行及农村信用社合作申请小额贷款，在申报和审批程序上基于一定的政策倾斜，以满足企业及个人林业生产的需要。另外，建立合理的林业产业信贷制度，应侧重支持木材精深加工业，有利于木材精深加工，进一步促进循环型林业产业体系的构建。

3. 加强税费扶持力度

东北内蒙古国有林区为国家经济建设做出了巨大贡献，但随着资源的减少，林区陷入了"两危"境地，沉重的税费负担更是雪上加霜，严重影响了林业企业发展和经营积极性。为促进林区林业产业发展，应针对具体林业生产经营内容，实施不同的税费政策，适当的减免相关税费。主要措施有：第一，调整税率水平，确定税率最佳点，林业税率的降低，能够提高林业企业的收益率，促进林业产业在生产规模的扩大。第二，规范税费项目，林业税收名目繁多，涉及国税、地税、工商、林业和物价等部门，应改革甚至取消不合理的收费项目，保留合理的收费项目。第三，加强税费管理，建立监管制度对乱收费行为监管，应公布税费项目和收取标准，以便于接受社会的监督。需要说明的是，林业税费扶持政策针对于林业产业全体，侧重于林业衰退产业及新型产业。目前，林区的木材采运业、锯材木片加工业已处于衰退期，国家和地方政府应给予木材采运企业及锯材木片加工企业一定的优惠政策，减少其税费负担；林业生物产业及生物质能源、生物质材料和高新技术产业是林区的新兴产业，具有广阔的前景，将是未来社会经济发展的重要产业组成之一，在这些产业起步阶段，需要国家投入资金和给予税费优惠政策，才能逐步发展壮大。

#### 8.2.5.3 优化国际贸易及投资政策

1. 国际贸易政策

林产品贸易政策主要包括与林产品贸易相关的关税措施、非关税措施。林产品政策的宗旨是通过各种关税措施、非关税措施实现林产品贸易结构的优化，即提高进口产品中初级产品的比重和出口产品中制成品比重[130]。中国改革开放以来，林产品贸易政策逐步调整，关税水平不断降低，特别是实施天然林资源保护工程之后，结构性矛盾更加突出，政府相继出台了一系列政策和措施，进一步调减林产品进口关税、放宽对林产品进口限制，体制和贸易政策正朝着有利于林产品贸易市场化的方向发展。今后应进一步制定和完善有关促进林产品贸易发展的法律法规体系，如制定相应的出口技术标准，规定产品特性或与其有关的生产工艺和方法，规定产品应使用的管理方法等，增强跨越绿色贸易壁垒的能力，使林区的林产品能够通过国外的技术性的贸易壁垒；建立健全森林认证体系，而林区通过森林认证的林产品加工企业很少，应加快森林认证步伐，使林产品能够被国际承认和接受；加强林产品贸易的管理，遵守贸易规则，重视国际社会有关环境问题的关注，尽量减少贸易摩擦，并与交易方营造双赢局面，使林业产业尽快与国际接轨。

2. 国际投资政策

由于营林生产周期长、见效慢的特点，国外资本大部分投入到林产加工业中，而东北内蒙古国有林区林产加工业的优势地位不明显，吸引外资的能力并不强，致使林区利用外资的规模有限，今后林区应通过各种优惠政策吸引外资投入到营林业、林产工业及林业服务业中。具体做法有：通过对林业提供低税率、长期低息、贴息信贷的经济扶持，为吸引外商投资提供一个良好的软硬件环境；建立生产、科研、培训、咨询紧密结合的推广机制；建立区域化的外国投资的法律框架，重视对外商投资的设备保护和投资环境的改善等。

## 8.3 本章小结

本章提出了东北内蒙古国有林区林业产业发展总体思路及支撑体系。首先，针对林业产业存在着资源消耗大、竞争无序、技术创新能力弱、布局分散等不合理状况，提出了林区林业产业发展的总体思路，即林业产业结构合理化和高度化、提高市场集中度、形成规模经济、提高市场绩效、形成有区域竞争力的林业产业集群等目标；其次，从要素、技术、需求、制度及政策方面构建了、完善了保障林业产业发展目标得以实现的支撑体系，提出具体对策及措施。

# 9 结　论

本书在对国内外相关文献研究基础上，以产业结构演进理论、产业结构优化理论、产业集群理论、林业经营理论为理论基础，从产业生命周期的视角结合东北内蒙古国有林区的实际，对林区林业产业结构、产业组织、产业集群的演进历程、林业产业演进的阶段、林业演进的动因及影响因素、产业发展水平分别加以研究，并提出了林区林业发展的思路，并构建了保障产业发展的支撑体系。本书的主要研究成果和创新点如下：

(1)从内在动力及外在动力两方面分析了林业产业演进的动因。内在动力为技术创新因素，外在动力为供给因素、需求因素、政策及制度、国际因素；且技术创新是林业产业演进的根本动力，供给因素是林业产业演进的基础条件，需求因素及国际因素是林业产业演进的牵引动力，政策及制度是林业产业演进的调控手段。林业产业在五个驱动力的作用下由低级向高级逐渐演进。

(2)运用定性和定量相结合的方法分析了东北内蒙古国有林区林业产业结构、组织、布局的演进历程。研究表明：林业产业三次产业间及三次产业内部林业产业结构逐渐向合理化和高级化方向发展；除家具制造业、人造板制造业、林业旅游与休闲服务业产业集中度较高外，其余产业集中度较低，大部分属于分散竞争性的市场结构，产品的差异化程度非常小，林业产业的进入壁垒由较高、退出壁垒较低演变为进入壁垒较低、退出壁垒较高；企业的市场行为由已政府主导型演变为市场主导型；林业企业的市场绩效有所提高，但与其他行业相比仍然较低；具有较为明显产业集群现象的产业是家具制造业、人造板制造业、林业旅游与休闲服务业，其主要集中在黑龙江森工集团的伊春林管局；处于产业集群形成期的产业是经济林产品的种植与采集业，其主要集中在在合江林管局和牡丹江林管局；其余亚产业不具有集群现象，在 84 个林业企业的分布较为均衡，企业间的生产规模相差不大，集中度较低。

(3)运用 Logistic 生长曲线法和 Compertz 生长曲线法，对林业产业及木材采运业、锯材木片加工业、林木培育与种植业、经济林产品种植与采集业、人造板加工业、木制品制造业、木制家具制造业、林业旅游与休闲服务业等亚产业所处生命周期阶段进行测度，识别出林业产业及其亚产业的演进遵循产业演进的规律。研究表明：林业产业经历了成熟期后进入到下一周期的成长期，发展速度较快；木材采运业、锯材木片加工业处于衰退期，林木培育与种植业、经济林产品种植与采集业、人造板加工业、木制品制造业、木制家具制造业、林业旅游与休闲服务业正处于的成长期，可将其作为主导产业培育，林业产业演进特征是各亚产业演进特征的综合体现；林业产业及其亚产业的演进遵循产业演进的规律。

(4)运用多元线性回归分析法构建了林业产业演进影响因素的多元非线性回归方程，并根据弹性系数识别出影响林业产业演进的显著性因素。研究表明：国有经济所占比重 $x_7$、人均收入 $x_6$、从业人员在岗人数 $x_3$ 三个变量对处于不同阶段的东北内蒙古国有林区林业产业演进起显著作用，且国有经济所占比重 $x_7$ 的显著作用逐渐增强，而变量林地面积 $x_2$、固定资产投资完成额 $x_5$、专业技术人员数 $x_4$、全员劳动生产率 $x_1$ 四个变量对林业产业演进推动作用不显著；天保工程通过对人均收入、国有经济所占比重、劳动力等显著因素的直接影响下间接影响林区林业产业演进与发展；民营化改革、消费需求、劳动力供给、天保工程是东北内蒙古国有林区林业产业演进的主要推动因素；而森林资源、物质资本、人力资本供给及科学技术对东北内蒙古国有林区林业产业演进没有起到显著地推动作用，林业产业属于劳动密集型的产业。

(5)运用 DEA 模型将林业投入产出效率及产出规模两方面同全国其他省份相比较，识别出东北内蒙古国有林业产业的发展水平。研究表明：从产出规模上看，黑龙江、吉林、内蒙古国有林区有林地面积分别位于全国第 5 位、22 位、15 位，而林业总产值分别位于全国第 21 位、第 26 位、第 28 位；从林业投入产出效率上看，黑龙江国、吉林、内蒙古国有林区投入产出效率分别位于全国第 28 位、第 26 位、第 30 位，有林业地面积、从业人员年末数、固定资产投资完成额、劳动投入率、资本投入率都存在着严重的投入冗余现象，资源、劳动力、资本投入过剩、科技贡献低。

(6)运用产业生命周期理论和区位商主导产业选择方法对林区林业主导产业识别。木制品制造业、林业休闲旅游与服务业为东北内蒙古国有林区相当长一段时间内的林业主导产业。

(7)提出了林区林业产业发展的总体思路，构建并完善了目标得以实现的支撑体系。针对林业产业存在着资源消耗大、竞争无序、技术创新能力弱、布局分散等不合理状况，提出了林区林业产业发展的总体思路，即林业产业结构合理化和高度化、提高市场集中度、形成规模经济、提高市场绩效、形成有区域竞争力的林业产业集群等目标；从要素、技术、需求、外部环境、制度及政策方面构建了保障林业产业发展目标得以实现的支撑体系，并提出具体对策及措施。

林业产业演进与发展问题是一个博大精深、非常复杂的林业经济问题，除本书研究内容外，还有许多有待今后进一步的深化和完善的问题，笔者将继续关注此方面的研究，力争取得更为丰硕的成果。

# 附　录

附表 1　东北内蒙古国有林区历年林业产业总产值(万元)

| 年份 | 第一产业 | 第二产业 | | 第三产业 | 总产值 |
|---|---|---|---|---|---|
| | | 小计 | 其中：木材加工业 | | |
| 1987 | 508260 | 82616 | 68571 | 43 | 590919 |
| 1988 | 558061 | 90553 | 74253 | 68 | 648682 |
| 1989 | 585150 | 107361 | 86211 | 104 | 692615 |
| 1990 | 587494 | 106581 | 89528 | 156 | 694231 |
| 1991 | 576559 | 130032 | 99474 | 165 | 706756 |
| 1992 | 582930 | 141054 | 111433 | 251 | 724235 |
| 1993 | 835005 | 174327 | 145389 | 198 | 1009530 |
| 1994 | 871883 | 216675 | 179840 | 204 | 1088762 |
| 1995 | 792953 | 277473 | 224753 | 209 | 1070635 |
| 1996 | 842082 | 335186 | 274853 | 1251 | 1178519 |
| 1997 | 834295 | 527255 | 436993 | 563 | 1362113 |
| 1998 | 754069 | 487486 | 413270 | 387 | 1241942 |
| 1999 | 747668 | 517867 | 458274 | 1000 | 1266535 |
| 2000 | 639477 | 638351 | 498268 | 908 | 1278736 |
| 2001 | 597331 | 657208 | 481244 | 2521 | 1257060 |
| 2002 | 679993 | 627800 | 470530 | 4886 | 1312679 |
| 2003 | 681061 | 867317 | 631483 | 12297 | 1560675 |
| 2004 | 756267 | 943580 | 670469 | 12075 | 1711922 |
| 2005 | 940710 | 983472 | 701681 | 11771 | 1935953 |
| 2006 | 927040 | 891060 | 758320 | 60930 | 1879030 |
| 2007 | 1145181 | 1041551 | 880544 | 101151 | 2287883 |
| 2008 | 1195745 | 1092359 | 948028 | 144828 | 2432932 |
| 2009 | 1216684 | 1041642 | 823895 | 212966 | 2471292 |
| 2010 | 1394545 | 1190190 | 1047581 | 280844 | 2865579 |

注：根据《全国林业统计资料》、《中国林业统计资料》、《中国林业统计年鉴》数据整理得出，1990 年和 1991 年大部分数据缺省，采用前后两年的平均值法代替，下同。由于统一口径不一致，以表 2-1 林业产业体系的构成为标准，将数据进行统一化整理，得出此表，下同。

**附表 2　东北内蒙古国有林区历年林木培育与种植业产值(万元)**

| 年份 | 黑龙江国有林区 | 吉林国有林区 | 内蒙古国有林区 | 总计 |
|---|---|---|---|---|
| 1987 | 32451 | 9654 | 18897 | 61002 |
| 1988 | 28654 | 8132 | 18827 | 55613 |
| 1989 | 44645 | 9889 | 17479 | 72013 |
| 1990 | 38678 | 8909 | 21367 | 68954 |
| 1991 | 26543 | 8876 | 24567 | 59986 |
| 1992 | 27653 | 9789 | 25520 | 62962 |
| 1993 | 33068 | 13589 | 27052 | 73709 |
| 1994 | 38829 | 16234 | 20628 | 75691 |
| 1995 | 39682 | 13710 | 19454 | 72846 |
| 1996 | 41270 | 13745 | 18563 | 73578 |
| 1997 | 27649 | 9921 | 20151 | 57721 |
| 1998 | 48902 | 19850 | 26196 | 94948 |
| 1999 | 74004 | 26640 | 39564 | 140208 |
| 2000 | 33515 | 14995 | 5317 | 53827 |
| 2001 | 26569 | 14812 | 2518 | 43899 |
| 2002 | 22600 | 28118 | 38878 | 89596 |
| 2003 | 24460 | 30823 | 33111 | 88394 |
| 2004 | 26853 | 24961 | 23385 | 75199 |
| 2005 | 26438 | 22908 | 35247 | 84593 |
| 2006 | 26066 | 18607 | 38212 | 82885 |
| 2007 | 30424 | 19837 | 39183 | 89444 |
| 2008 | 31090 | 25709 | 42732 | 99531 |
| 2009 | 33960 | 27349 | 41222 | 102531 |
| 2010 | 55845 | 29177 | 50473 | 135495 |

**附表 3　东北内蒙古国有林区历年木材采运业产值(万元)**

| 年份 | 黑龙江国有林区 | 吉林国有林区 | 内蒙古国有林区 | 总计 |
|---|---|---|---|---|
| 1987 | 272970 | 88409 | 84535 | 445914 |
| 1988 | 321372 | 84817 | 94805 | 500994 |
| 1989 | 333048 | 88528 | 90039 | 511615 |
| 1990 | 320167 | 92678 | 103821 | 516666 |
| 1991 | 310321 | 97789 | 106043 | 514153 |
| 1992 | 311806 | 97452 | 107709 | 516967 |
| 1993 | 420106 | 185465 | 152275 | 757846 |
| 1994 | 471534 | 159124 | 161935 | 792593 |
| 1995 | 450131 | 91370 | 168766 | 710267 |
| 1996 | 420938 | 185467 | 155202 | 761607 |
| 1997 | 409376 | 197917 | 152549 | 759842 |
| 1998 | 404536 | 81732 | 153407 | 639675 |

（续）

| 年份 | 黑龙江国有林区 | 吉林国有林区 | 内蒙古国有林区 | 总计 |
|---|---|---|---|---|
| 1999 | 357118 | 103462 | 129509 | 590089 |
| 2000 | 295443 | 148616 | 113328 | 557387 |
| 2001 | 283960 | 138310 | 104785 | 527055 |
| 2002 | 298825 | 141365 | 108329 | 548519 |
| 2003 | 291549 | 132705 | 88898 | 513152 |
| 2004 | 310388 | 138605 | 120329 | 569322 |
| 2005 | 358031 | 158356 | 121298 | 637685 |
| 2006 | 409185 | 172969 | 142449 | 724603 |
| 2007 | 489071 | 205484 | 182711 | 877266 |
| 2008 | 520517 | 211651 | 185055 | 917223 |
| 2009 | 462325 | 109930 | 159098 | 731353 |
| 2010 | 499205 | 266877 | 175170 | 941252 |

**附表 4　东北内蒙古国有林区历年经济林产品种植与采集业产值(万元)**

| 年份 | 黑龙江国有林区 | 吉林国有林区 | 内蒙古国有林区 | 总计 |
|---|---|---|---|---|
| 1994 | 1650 | 667 | 202 | 2519 |
| 1995 | 5835 | 732 | 321 | 6888 |
| 1996 | 4686 | 131 | 11 | 4828 |
| 1997 | 7538 | 3831 | 343 | 11712 |
| 1998 | 11079 | 4089 | 0 | 15168 |
| 1999 | 11021 | 2013 | 515 | 13549 |
| 2000 | 16378 | 4763 | 904 | 22045 |
| 2001 | 15345 | 4665 | 564 | 20574 |
| 2002 | 20167 | 7451 | 590 | 28208 |
| 2003 | 42442 | 11197 | 2818 | 56457 |
| 2004 | 62271 | 25203 | 3919 | 91393 |
| 2005 | 88906 | 21868 | 6596 | 117370 |
| 2006 | 74228 | 12999 | 8879 | 96106 |
| 2007 | 108079 | 22168 | 35 | 130282 |
| 2008 | 108477 | 23007 | 155 | 131639 |
| 2009 | 160985 | 64996 | 50 | 226031 |
| 2010 | 181891 | 80148 | 0 | 262039 |

**附表 5　东北内蒙古国有林区历年野生动植物繁育与利用业产值(万元)**

| 年份 | 黑龙江国有林区 | 吉林国有林区 | 内蒙古国有林区 | 总计 |
|---|---|---|---|---|
| 2002 | 0 | 188 | 340 | 528 |
| 2003 | 582 | 3109 | 60 | 3751 |
| 2004 | 361 | 4919 | 844 | 6124 |
| 2005 | 2492 | 3912 | 80 | 6484 |
| 2006 | 12028 | 7043 | 13281 | 32352 |
| 2007 | 15764 | 5055 | 11406 | 32225 |
| 2008 | 16989 | 29362 | 716 | 47067 |
| 2009 | 23047 | 14717 | 0 | 37764 |
| 2010 | 0 | 188 | 340 | 528 |

**附表 6　东北内蒙古国有林区历年锯材与木片加工业产值(万元)**

| 年份 | 黑龙江国有林区 | 吉林国有林区 | 内蒙古国有林区 | 总计 |
|---|---|---|---|---|
| 1997 | 49801 | 29250 | 9949 | 89000 |
| 1998 | 47646 | 24714 | 6658 | 79018 |
| 1999 | 67254 | 44721 | 5803 | 117778 |
| 2000 | 55009 | 31878 | 3354 | 90241 |
| 2001 | 50236 | 32331 | 2118 | 84685 |
| 2002 | 34745 | 28789 | 1710 | 65244 |
| 2003 | 70942 | 24542 | 2477 | 97961 |
| 2004 | 84291 | 23249 | 2949 | 110489 |
| 2005 | 89180 | 26088 | 2270 | 117538 |
| 2006 | 71425 | 10655 | 2564 | 84644 |
| 2007 | 105267 | 9471 | 2262 | 117000 |
| 2008 | 129247 | 9740 | 3320 | 142307 |
| 2009 | 158173 | 9453 | 0 | 167626 |
| 2010 | 181842 | 8737 | 46 | 190625 |

## 附表7　东北内蒙古国有林区历年人造板加工业产值(万元)

| 年份 | 黑龙江国有林区 | 吉林国有林区 | 内蒙古国有林区 | 总计 |
| --- | --- | --- | --- | --- |
| 1997 | 67723 | 71681 | 11336 | 150740 |
| 1998 | 58138 | 56866 | 8319 | 123323 |
| 1999 | 61109 | 65663 | 7474 | 134246 |
| 2000 | 70892 | 61238 | 12550 | 144680 |
| 2001 | 80312 | 52349 | 13791 | 146452 |
| 2002 | 85302 | 78661 | 13800 | 177763 |
| 2003 | 103323 | 101059 | 23612 | 227994 |
| 2004 | 105678 | 73234 | 27184 | 206096 |
| 2005 | 102650 | 95079 | 31659 | 229388 |
| 2006 | 113741 | 113147 | 66511 | 293399 |
| 2007 | 137501 | 98431 | 70452 | 306384 |
| 2008 | 158828 | 127447 | 63915 | 350190 |
| 2009 | 178795 | 29842 | 0 | 208637 |
| 2010 | 191991 | 126091 | 0 | 318082 |

## 附表8　东北内蒙古国有林区历年木制品制造业产值(万元)

| 年份 | 黑龙江国有林区 | 吉林国有林区 | 内蒙古国有林区 | 总计 |
| --- | --- | --- | --- | --- |
| 1997 | 124008 | 37726 | 24807 | 186541 |
| 1998 | 130238 | 44851 | 20244 | 195333 |
| 1999 | 133713 | 37457 | 17995 | 189165 |
| 2000 | 171375 | 53750 | 15294 | 240419 |
| 2001 | 181942 | 35930 | 10688 | 228560 |
| 2002 | 146855 | 39345 | 11640 | 197840 |
| 2003 | 181128 | 65413 | 16716 | 263257 |
| 2004 | 192594 | 84376 | 22693 | 299663 |
| 2005 | 197413 | 110236 | 26257 | 333906 |
| 2006 | 221988 | 74285 | 31895 | 328168 |
| 2007 | 261401 | 102007 | 33080 | 396488 |
| 2008 | 263111 | 81503 | 41904 | 386518 |
| 2009 | 282779 | 89089 | 0 | 371868 |
| 2010 | 319059 | 123547 | 0 | 442606 |

**附表 9 东北内蒙古国有林区历年木质家具制造业总产值(万元)**

| 年份 | 黑龙江国有林区 | 吉林国有林区 | 内蒙古国有林区 | 总计 |
|---|---|---|---|---|
| 1994 | 2500 | 2683 | 2720 | 7903 |
| 1995 | 602 | 89 | 238 | 929 |
| 1996 | 1895 | 93 | 238 | 2226 |
| 1997 | 8192 | 1931 | 589 | 10712 |
| 1998 | 11609 | 3689 | 298 | 15596 |
| 1999 | 12717 | 4209 | 159 | 17085 |
| 2000 | 17903 | 4870 | 155 | 22928 |
| 2001 | 16562 | 4908 | 77 | 21547 |
| 2002 | 24314 | 5091 | 278 | 29683 |
| 2003 | 36769 | 5339 | 163 | 42271 |
| 2004 | 43180 | 8875 | 2166 | 54221 |
| 2005 | 11890 | 6662 | 2297 | 20849 |
| 2006 | 42386 | 7373 | 2350 | 52109 |
| 2007 | 51859 | 6812 | 2001 | 60672 |
| 2008 | 66994 | 1224 | 795 | 69013 |
| 2009 | 75603 | 161 | 0 | 75764 |
| 2010 | 93233 | 3035 | 0 | 96268 |

**附表 10 东北内蒙古国有林区历年造纸业产值(万元)**

| 年份 | 黑龙江国有林区 | 吉林国有林区 | 内蒙古国有林区 | 总计 |
|---|---|---|---|---|
| 1994 | 6675 | 1106 | 0 | 7781 |
| 1995 | 9326 | 1199 | 0 | 10525 |
| 1996 | 11870 | 1171 | 0 | 13041 |
| 1997 | 9263 | 564 | 0 | 9827 |
| 1998 | 7057 | 0 | 0 | 7057 |
| 1999 | 5573 | 2893 | 0 | 8466 |
| 2000 | 5895 | 4403 | 15075 | 25373 |
| 2001 | 3888 | 0 | 14545 | 18433 |
| 2002 | 5654 | 377 | 15710 | 21741 |
| 2003 | 4243 | 155 | 23383 | 27781 |
| 2004 | 10320 | 12 | 27319 | 37651 |
| 2005 | 9114 | 2884 | 33118 | 45116 |
| 2006 | 4139 | 2713 | 43387 | 50239 |
| 2007 | 13553 | 2232 | 49347 | 65132 |
| 2008 | 7964 | 0 | 43859 | 51823 |
| 2009 | 10291 | 5167 | 0 | 15458 |
| 2010 | 4248 | 0 | 0 | 4248 |

**附表 11　东北内蒙古国有林区历年林产化学产品制造业产值(万元)**

| 年份 | 黑龙江国有林区 | 吉林国有林区 | 内蒙古国有林区 | 总计 |
|---|---|---|---|---|
| 1992 | 3538 | 1543 | 5458 | 10539 |
| 1993 | 3273 | 1632 | 8730 | 13635 |
| 1994 | 4746 | 1304 | 2352 | 8402 |
| 1995 | 5046 | 1502 | 1138 | 7686 |
| 1996 | 5774 | 3122 | 2304 | 11200 |
| 1997 | 4154 | 3795 | 2659 | 10608 |
| 1998 | 4392 | 2554 | 2360 | 9306 |
| 1999 | 8938 | 2675 | 1789 | 13402 |
| 2000 | 10027 | 2604 | 1661 | 14292 |
| 2001 | 5169 | 9278 | 986 | 15433 |
| 2002 | 5288 | 9560 | 575 | 15423 |
| 2003 | 5952 | 10090 | 1653 | 17695 |
| 2004 | 8170 | 16441 | 1492 | 26103 |
| 2005 | 2134 | 11194 | 1000 | 14328 |
| 2006 | 9058 | 16293 | 1443 | 26794 |
| 2007 | 3317 | 19349 | 6986 | 29652 |
| 2008 | 9140 | 21817 | 4347 | 35304 |
| 2009 | 37458 | 13936 | 0 | 51394 |
| 2010 | 26792 | 21560 | 0 | 48352 |

**附表 12　东北内蒙古国有林区历年林业旅游与休闲服务业产值(万元)**

| 年份 | 黑龙江国有林区 | 吉林国有林区 | 内蒙古国有林区 | 总计 |
|---|---|---|---|---|
| 1993 | 34 | 70 | 1 | 105 |
| 1994 | 51 | 76 | 2 | 129 |
| 1995 | 67 | 66 | 2 | 135 |
| 1996 | 321 | 521 | 3 | 845 |
| 1997 | 287 | 102 | 2 | 391 |
| 1998 | 182 | 98 | 0 | 280 |
| 1999 | 289 | 456 | 7 | 752 |
| 2000 | 564 | 121 | 16 | 701 |
| 2001 | 1991 | 0 | 60 | 2051 |
| 2002 | 2401 | 1074 | 434 | 3909 |
| 2003 | 11344 | 6 | 153 | 11503 |
| 2004 | 9998 | 78 | 308 | 10384 |
| 2005 | 7463 | 510 | 466 | 8439 |
| 2006 | 47263 | 1260 | 929 | 49452 |
| 2007 | 67881 | 6621 | 10642 | 85144 |
| 2008 | 98261 | 9715 | 15200 | 123176 |
| 2009 | 156782 | 25176 | 18200 | 200158 |
| 2010 | 189012 | 23661 | 20900 | 233573 |

# 参考文献


[1]杨公仆．产业经济学[M]．上海：复旦大学出版社，2005：305.

[2]库兹涅茨．各国的经济增长［M］．北京：商务印书馆，2011：23～87

[3]苏东水．产业经济学[M]．北京：高等教育出版社，2010：165～166。

[4]Michael Gort，Steven Klepper. Time Paths in the Diffusion of Product Innovations[J]. The Economic Journal，9{September 1982)，630～653.

[5]Steven Klepper. Entry，Exit，Growth and Innovation over the Product Life Cycle[J]. The American Economic Review，1996，86(3)：562～583.

[6] B. S. Tether，D. J. Storey. Smaller firms andEurope's high technology sectors：a framework for analysis and some statistical evidence [J]. Research Policy，1998，(26)：947～971.

[7]丁焕明．科尔尼并购策略[M]．张凯，译．北京：机械工业出版社，2004：40～87

[8]刘俊昌．林业经济学．北京：中国农业出版社，2011，06：30～50.

[9]杨长峰．东北国有林区林产工业产业重构研究[D]．东北林业大学博士论文，2007，6：9

[10]刘萍，曹玉昆．美国国有林经营及对中国的启示[J]．世界林业研究：2011，(05)：49～52.

[11]张周忙，蒋亚芳，管长岭．日本国有林管理对我国的启示[J]．林业资源管理，2010(06)：129～132.

[12]刘勇，李智勇，叶兵．德国国有林经营管理体制改革及启示[J]．世界林业研究：2008，(04)：53～55.

[13]李元元，聂华．北京市林业产业结构动态关联分析[J]．林业调查规划，2006，

[14]李国政．中央财政补贴与西藏产业演进路径研究[J]．经济问题探索，2009，(11)：133～139.

[15]李荣富，曹雪峰，王丽娟．安徽省对外贸易与产业演进路径的实证研究[J]．时代经贸，2008，(7)：9～10.

[16]杨丽．技术创新对产业演进的影响[J]．科技进步与对策，2008，(6)：66～70.

[17]宋红坤．信息技术驱动的新兴产业形成机制研究[D]．复旦大学学位论文，

2009：32～44
[18]焦方平．电信产业演化机理研究[D]．吉林大学博士论文，2009：33～34.
[19]李荣富．安徽省最终需求对产业演进影响的实证分析[J]．科技情报开发与经济，2009，(31)：83～86.
[20]黄宇，杜贻帅，尹卫和．消费升级和产业演进协调发展分析[J]．山东行政学院山东省经济管理干部学院学报，2009，(6)：29～33.
[21]韩杨．中国绿色食品产业演进及其阶段特征与发展战略[J]．中国农村经济，2010，(2)：33～43.
[22]孙晓华，秦川．产业演进中技术与制度的协同演化[J]．中国地质大学学报(社会科学版).2011，(5)：78～85.
[23]李俊莉．资源产业演进的自组织理论解释[D]．吉林大学硕士论文，2006，04：45～67.
[24]张守忠，齐艳红，李玉英．近10年来我国第三产业演进及机制研究[J]．国土与自然资源研究，2009(02)：15～16.
[25]王延青，李一军，梁雪峰．VoIP产业的成因、演进及融合研究[J]．中国软科学，2008(1)：41～47.
[26]夏丽丽，阎小培．基于全球产业链的发展中地区工业化进程中的产业演进——以珠江三角洲为例[J]．经济地理2008(02)：573～577.
[27]曾世宏．产业演化、产业规制与企业家才能配置——以中国制造业产业价值链升级为例[J]．河北经贸大学学报，2008，(06)：37～41
[28]周丽红，王雪霁．我国软件产业结构的演进及其优化模式的选择[J]．经营管理者，2011，23：20～21
[29]楚岩枫．我国物流产业系统演化机理研究[D]．南京航空航天大学博士学位论文.2010：84～85.
[30]刘耀彬，张安军．江西省LED产业发展阶段与趋势分析——基于高新技术产业演进规律[J]．华东经济管理，2009，06(6)：19～22.
[31]封思贤．江苏制造业的发展规律、产业演进趋势及发展建议[J]．江苏商论，2010(9)：147～148
[32]张延平，李明生．广东省产业结构演进预测及发展战略选择[J]．统计与决策，2010(5)：95～97
[33]杨云．福建省林业产业结构研究[D]．福建农林大学硕士论文，2005：56～76
[34]刘振清．走向科学发展——改革开放以来中国林业发展道路演进[D]．中共中央党校博士论文，2007：45～54.
[35]侯方淼，宋维明．林产品对外贸易与林业产业发展的实证研究[J]．北京林业大学学报(社会科学版)，2009(5)：57～61.

[36]张瑜．资本市场与林业产业发展关系研究[D]．北京林业大学博士论文，2009：96～102.

[37]吕杰，黄利．辽宁省集体林权制度改革与林业产业发展的现状．[J]．林业科学，2008(8)：112～116.

[38]宋维明．金融危机下中国林业产业发展策略[J]．林业经济，2009(8)：3～6.

[39]贾雷．江苏林业产业链可持续发展评价与对策研究[D]．南京林业大学硕士论文，2008：23～29.

[40]徐怡红．关于财政政策与林业产业发展的思考[J]．林业经济，2011(7)：58～60.

[41]梅秀英．关于创新科技管理促进林业产业发展的思考[J]．林业经济，2010(6)：72～75.

[42]孙建．我国林业产业发展现状、趋势和政策取向[J]．林业经济，2008，(1)：44～49.

[43]冉陆荣，吕杰．森林多功能利用的林业产业发展模式选择[J]．辽宁林业科技，2008，(1)：23～25.

[44]冉陆荣，吕杰．基于偏离－份额分析的集体林权改革前后辽宁林业产业发展分析[J]．林业经济问题，2010(5)：425～429.

[45]杨红强，聂影．中国木材加工产业转型升级及区域优化研究[J]．农业经济问题，2011(5)：90～95.

[46]奉钦亮．广西林业产业区域竞争力评价研究[D]．北京林业大学博士论文．2009：40～85.

[47]宋超智．浙江省林业产业发展战略研究[D]．北京林业大学博士论文，2009：1～4.

[48]耿玉德，万志芳．黑龙江省国有林区林业产业结构调整与优化研究[J]．林业科学，2006，(6)：87～92.

[49]梁大战．黑龙江省国有林区人才资源开发：效率、流动与对策[D]．东北林业大学博士论文，2010：108～109.

[50]杨长峰．东北国有林区林产工业产业重构研究[D]．东北林业大学博士论文，2007：34.

[51]张爱美．吉林省林业产业发展及产业结构调整研究[D]．北京林业大学博士论文，2008：40～50.

[52]李旭东．加快推进内蒙古大兴安岭林区林业产业发展[J]．林业建设，2009(9)：16～18.

[53]俞惠倩，张莉莉．大兴安岭林区产业结构动态关联分析[J]．林业经济，2011(4)：91～95.

[54]朱玉杰，高晓雨，杨冕．黑龙江省林业产业结构优化的灰色决策[J]．东北林业大学学报，2011(4)：113～115.
[55]陈向华，耿玉德．SCP范式的黑龙江省林产工业产业组织分析[J]．林业经济问题，2007，27(4)：367～370.
[56]陈向华．东北内蒙古国有林区林业产业组织优化研究[D]．东北林业大学博士论文，2011：20～34.
[57]张占贞．东北国有林区林业产业集群生态系统演进及成长研究[D]．东北林业大学博士论文，2011，6.
[58]蒋敏元等．基于林业新定位的国有林区经济重构研究[M]．哈尔滨：东北林业大学出版社，2005：24～29.
[59]陈蕾．软件产业演进基本理论问题探讨[J]．商业时代，2011(10)：128.
[60]陈蕾．软件产业演进基本理论问题探讨[J]．商业时代，2011(10)：128.
[61]刘家顺．中国林业产业政策研究[M]．哈尔滨：东北林业大学出版社，2006：22～25.
[62]大卫·李嘉图．政治经济学及赋税原理[M]．上海：译林出版社，2011.
[63]苏东水．产业经济学[M]．北京：高等教育出版社，2010：165.
[64]苏东水．产业经济学[M]．北京：高等教育出版社，2010：34～35.
[65]郑宏星．产业集群演进的制度分析[M]．北京：中国社会科学出版社，2008：4～5.
[66]郑宏星．产业集群演进的制度分析[M]．北京：中国社会科学出版社，2008：6.
[67]王战男．吉林省林业产业集群效应研究[D]．北京林业大学博士学位论文，200511：13～14.
[68]靳明．绿色农业产业成长研究[D]．西北农林科技大学博士学位论文，2006，05：42～45.
[69]陈艳莹，叶良柱．产业演进阶段识别方法研究述评[J]．经济研究导刊，2009，(5)：44～47.
[70]王红姝．中国花卉产业发展研究[D]．东北林业大学博士学位论文，2005，06：19～20.
[71]陈晓涛．产业演进论[D]．四川大学博士论文，2007，03：118.
[72]李成茂．森林资源培育与林业产业结构及区域布局的关系研究[D]．北京林业大学博士学位论文，2009：97.
[73]郑声安．产业发展、演进的动因及其机制分析[J]．求索，2006(7)：26～28.
[74]黄亚钧．微观经济学[M]．北京：高等教育出版社，2005：10～11.
[75]周振华．产业结构演进的一般动因[J]．财经科学，1990(03)：1～6.

[76]袁庆明．新制度经济学[M]．北京：中国发展出版社，2005：284.

[77]岳璞，王鹏．重点国有林区林权制度改革新探索—伊春市林权制度改革试点纪实，黑龙江史志，2006，9：3～4.

[78]张海峰．1949～2007年青海省产业结构演进特征与机理．青海师范大学学报（自然科学版），2010(4)：74～80.

[79]苏东水．产业经济学[M]．北京：高等教育出版社，2010：125.

[80]苏东水．产业经济学[M]．北京：高等教育出版社，2010：106.

[81]毛林根．结构行为效果：中国工业产业组织研究[M]．上海：上海人民出版社，1996：214～230.

[82]尹少华．湖南林产工业产业组织研究[J]．绿色中国，2003（11）：38～41.

[83]陈向华等：基于SCP范式的黑龙江省林产工业产业组织分析[J]．林业经济问题，2007，27（4）：367～370.

[84]陈向华等：基于SCP范式的黑龙江省林产工业产业组织分析[J]．林业经济问题，2007，27（4）：367～370.

[85]殷祚云．Logistic曲线拟合方法研究[J]．数理统计与管理，2002(1)：41～46.

[86]殷祚云．Logistic曲线拟合方法研究[J]．数理统计与管理，2002(1)：41～46.

[87]王素荣，韩计隆．信息分析与预测[M]．北京：国防工业出版社，2007：131～132.

[88]冯文权，茅奇，周毓萍．经济预测与决策技术M]．武汉：武汉大学出版社，2005：150～151.

[89]易丹辉．数据分析与Eviews应用[M]．北京：中国统计出版社，2002：87.

[90]木片生产成为我国一项新兴产业[J]人造板通讯，1997，30(4)：1～2.

[91]李微．黑龙江省林产品贸易对林业产业发展影响浅析[J]．林业经济问题，2011，(05)：397～401.

[92]佚名．人大经济论坛http：//bbs. pinggu. org/forum. php？mod = viewthread&tid = 434954&page = 1.

[93]国家林业局．1987～1996年全国林业统计资料[M]．北京：中国林业出版社，1988～1997.

[94]国家林业局．1997年中国林业统计资料[M]．北京：中国林业出版社，1998.

[95]国家林业局．1998～2010年中国林业统计年鉴[M]．北京：中国林业出版社，1999～2011.

[96]尹玉叵．吉林省医药产业发展[D]．吉林大学硕士论文，2010：7.

[97]周德胜．生物制药产业化影响因素及作用机理研究[D]．大连理工博士论文2008，09：38～42.

[98]http：//wenku. baidu. com/view/c1e422edf8c75fbfc77db2f9. html？from = related.

[99]高惠璇．数理统计与管理．2000，20(05)：49～52.
[100]汪旭晖，刘勇．基于 DEA 模型的我国农业生产效率综合评价[J]．河北经贸大学学报，2008，(1)：53～59.
[101]Finkler，M. D. and Wirtschafter，D. D. Cost-effectiveness and Data Envelopment Analysis[J]. Health Care Manage-ment Review，1993，18(3)：81～88.
[102]Hang，S，Jaska，P. and Semple，J. Assessing the Relative Efficiency of Agricultural Production Units in the Blackland Prairies，Texas[J]. AppliedEconomics，1992，24(5)：559～565.
[103]ShibaM. Measuring the efficiency ofmanagerial and technicalperlbmiancs in forestry activities bymeans ofDEA [J]. InterJ ofForestEngineering，1997，(8).
[104]LeBelL G and StuartW B. Technicalefficiency evaluation of logging contractors using a nonparametricmodel [J]. Inter J of ForestEngineering，1998，9 (2)：15～24.
[105]Viitala E J and Jannincn H. Measuring the efficiency ofpublic forestry organ izations [J]. ForestSci，1998，44 (3)：298～307.
[106]Lee Jun-Yen. Using DEA to measure efficiency in forest and paper companies [J]. Forest Products Society，2005，55(1)：58～66.
[107]Neda Salehirad，DrTaraneh Sowlat. i Productivity and efficiency assessment of the wood industry：A review with a focus on Canada [J]. ForestProducts Society，2006，56 (11/12)：25～32.
[108]蒋海，苏志尧．林业产业化理论分析[J]．林业经济问题，1998 (3)：16～20.
[109]李宏．林业产业结构研究综述[J]．世界林业研究，2000，13 (2)：41～46.
[110]曾珍香，顾培亮，张闽．DEA 方法在可持续发展评价中的应用[J]．系统工程理论与实践．2000，(8).
[111]宋增基，徐叶琴，张宗益．基于 DEA 模型的中国农业效率评价[J]．重庆大学学报(社会科版)，2008，(3)：24～29.
[112]杨玮．基于 DEA 方法的我国林业全要素生产率实证研究[D]．北京林业大学硕士论文，2010：12～20.
[113]杨玮．基于 DEA 方法的我国林业全要素生产率实证研究[D]．北京林业大学硕士论文，2010：29.
[114]国家林业局．2008～2010 年中国林业统计年鉴[M]．北京：中国林业出版社，2009～2011：80～90.
[115]李微，万志芳．黑龙江国有林区林业主导产业选择分析[J]．林业经济，2009 (2)：66～73.
[116]吕裔良．基于成长期的中国乳制品产业发展研究 [D]．东北林业大学博士论文，2008.

[117]赵晶．苏北木材加工业产业组织研究［D]．南京林业大学硕士论文，2009.

[118]http：//zhidao. baidu. com/question/8078430. html.

[119]http：//club. topsage. com/thread-1189957-1-1. html.

[120]宋超智．浙江省林业产业发展战略研究[D]．北京林业大学博士论文，2009：94.

[121]李矿明，汤晓珍．我国森林景观地理浅述．中南林业调查规划[J]，1995(1)，42～45.

[122]邢红．国有林区管理制度研究[D]．北京林业大学博士论文，2006：153.

[123]董岳．中国林业产业化发展问题研究[D]．山东农业大学硕士论文，2009：34.

[124]刘小玄著．中国转轨过程中的产权和市场[M]．上海：上海三联书店、上海人民出版社，2003.

[125]肖艳．东北国有林区发展非公有制林业制度体系研究[D]．东北林业大学博士论文，2007：86～88.

[126]关发瑞，刘文祥，汪绍凯．国有林区森林采伐限额执行中的主要问题及对策[J]森林工程，2009，24(3)：26～28.(3).

[127]耿玉德．东北、内蒙古等重点国有林区实施天保工程的阶段性评价与分析[J]．中国林业经济，2004(10)：42～44.

[128]沈月琴．天保地区森林资源保护与经济社会协调发展的机理和模式研究[D]．北京林业大学博士论文，2005，5：3.

[129]董岳．中国林业产业化发展问题研究[D]．山东农业大学硕士论文，2009，6：30.

[130]李微，万志芳．黑龙江省林产品贸易对林业产业发展影响浅析[J]．林业经济问题，2011(5)：397～401.

# 后　记

本书是在我博士学位论文的基础上完成的，本研究受到黑龙江省自然科学基金“黑龙江省林产品加工业产业集群形成机理及培育路径研究”（G201105）、国家社会科学基金项目“基于生态功能区建设的国有林区社会经济转型问题研究”（11CJY021）、黑龙江省教育厅人文社科项目“黑龙江森工林区林业产业成长机理研究”（12514033）的资助。

四年多的博士学习生活匆匆而过，在论文终稿完成之际心情无比激动、感慨万分，千言万语及太多华丽的辞藻无法表达此时此刻的心情，心中唯有万般感谢。

首先，要感谢我最尊敬的导师万志芳教授，是她领进我走进了无穷魅力的博大精深的林业经济知识的殿堂，在我攻读博士学位期间给予了我悉心的指导和大量的帮助，从论文选题到终稿完成以及本书作序，无不凝结着万志芳教授大量的心血，导师渊博的学识，开阔的视野，严谨的治学态度，敢于创新的精神使我受益匪浅，每当我“山重水复疑无路”时，导师指导完后就“柳暗花明又一村”，值此在本书完成之际，谨向万老师表示最崇高的敬意和最衷心的感谢！老师，您辛苦了！

感谢经济管理学院对我关心与培养，感谢田国双教授、耿玉德教授、曹玉昆教授在学习和工作中给予的帮助和支持，同时感谢林业经济教研室每位老师的帮助和理解，特别是王玉芳副教授、朱洪革副教授在我论文写作过程中在工作上给予了我众多理解和支持。

黑龙江森工总局计划处和林产工业局、下属绥阳、穆棱林业局在资料数据搜集过程中给予了很大帮助，在此表示诚挚的感谢。

最后感谢我的家人，母亲在我论文撰写的过程中给予了我莫大的关心和支持，帮我料理家务、看护孩子，付出了诸多的辛劳；爱人在我论文写作的关键时刻，特请年假，忙于家庭琐事；伴随着我的博士生活，我可爱的儿子渐渐长大，每当我坐下来学习的时候，儿子都能非常懂事的在一边玩，同样给我了信心和力量。

铭记恩师的教诲，我将更加刻苦钻研，争取在林业经济学的殿堂中有所造诣，回报支持和帮助我的恩师、亲人和朋友！

李 微

2012 年 7 月 1 日于哈尔滨

# 主持与参与科研项目情况

[1]主持(1/5)，东北内蒙古国有林区林业产业演进及发展研究，中央高校基本科研业务费专项资金项目（DL09AC01），2009.12～2011.07.

[2]主持(1/5)，黑龙江森工林区林业产业成长机理研究，教育厅人文社会科学基金x项目(12514033)，2011.01～2012.12.

[3]参加(2/5)，黑龙江省森林资源优化利用的模式选择及政策研究，黑龙江省哲学社会科学研究规划项目(10B043)，2010～2012.

[4]参加(3/5)，基于生态功能区建设的国有林区社会经济转型问题研究，国家社会科学基金项目(11CJY021)，2010～2012.

[5]参加(3/5)，黑龙江省林产品加工业产业集群形成机理及培育路径研究，黑龙江省自然科学基金(G201105)，2011～2013.

[6]参加(3/5)，黑龙江省大小兴安岭林区林产工业低碳经济发展模式研究，黑龙江省社会科学重大决策基金项目（11G001），2011～2012.

[7]参加(2/5)，哈尔滨市居民生态消费的评价及动力机制，教育厅人文社会科学基金项目(11534017)，2008～2011.